Jack-Peter Kurbjuweit

Das ist doch gar nicht dein Vater!

Eine europäische Spurensuche

Das Buch

Im Alter von dreizehn Jahren erfährt ein Junge zufällig, dass der Mann seiner Mutter nicht sein leiblicher Vater ist. Er wendet sich von der Familie ab und beginnt erst im Alter von fünfzig Jahren, nach seiner Herkunftsfamilie väterlicherseits zu suchen. Er findet sie und erfährt viel über die Lebenswege seiner Vorfahren, nach Griechenland einge-wanderte Italiener, und das Schicksal, das sein Vater und dessen Brüder im Zweiten Weltkrieg erlitten haben. Sie wurden von den Deutschen ins Sudetenland verschleppt und mussten dort Zwangsarbeit verrichten.

Es gelingt ihm, einen Onkel zum Erzählen dieser lange verdrängten Geschichte zu bewegen. Am Ende hat er Klarheit über seine Herkunft gewonnen und ist in die große griechische Familie aufgenommen.

Der Autor

Jack-Peter Kurbjuweit, Jahrgang 1945, aufgewachsen in einem Flüchtlingslager in Niedersachsen, ausgebildeter Starkstrom-elektriker, hat nach gewerkschaftlichem Studium als Gewerkschaftssekretär gear-beitet, er war und ist immer noch politisch aktiv.

1996 begann er, etwas über seinen leiblichen Vater herauszufinden. Das Er-gebnis seiner Suche dokumentiert er in diesem Buch.

Jack-Peter Kurbjuweit

Das ist doch gar nicht dein Vater!

Eine europäische Spurensuche

Als die Nazis die Kommunisten holten,
habe ich geschwiegen,
ich war ja kein Kommunist.

Als sie die Sozialdemokraten einsperrten,
habe ich geschwiegen,
ich war ja kein Sozialdemokrat.

Als sie die Katholiken holten,
habe ich nicht protestiert,
ich war ja kein Katholik.

Als sie mich holten,
gab es keinen mehr, der protestieren konnte.

(Pastor Martin Niemöller, 1892-1984)

Texte: Copyright © by Jack-Peter Kurbjuweit
Alle Rechte vorbehalten
Redaktion und Lektorat: Ruth Lisa Knapp
Umschlag:© Copyright by Jack-Peter Kurbjuweit
Satz: Rainer Sagawe
Umschlagfoto: Familienbesitz
Hameln, 2018
Herstellung und Verlag: BoD - Books on Demand, Norderstedt
ISBN 978-3-7528-8209-4

2. überarbeitete Auflage

Inhalt

Vorbemerkung

Vor zwei Jahren übergab mir Jack-Peter Kurbjuweit viele Seiten Material mit der Frage, ob sich daraus etwas machen lasse, das publiziert werden könne. Es handelte sich um Szenen aus seiner Kindheit, die Suche nach seinem leiblichen Vater, die Lebenswege seiner italienisch-griechischen Vorfahren und Zeitzeugenberichte seines Onkels Takis über Gefangenschaft und Zwangsarbeit im Zweiten Weltkrieg sowie um die Nachkriegsjahre. Dieses Material bestand aus persönlichen Notizen, Briefen, Transkriptionen von aufgezeichneten Gesprächen und vielen Fotos. Und ich fand: Ja, daraus könnte man etwas machen – es muss nur viel Arbeit investiert werden. Zwei Jahre vergingen, bis wir uns dann schließlich ans Werk machten. Ich übernahm es, die einzelnen Teile zu sichten, zu ordnen, zu kürzen bzw. zu ergänzen und daraus eine gut lesbare Fassung herzustellen.

Zwei Hauptthemen waren unter einen Hut zu bringen, die auf den ersten Blick nicht unbedingt miteinander zu tun haben: zum einen die späte und schließlich erfolgreiche Suche nach dem Vater samt Aufnahme in dessen griechische Familie und zum anderen das Zeitzeugnis des Onkels über das Schicksal der drei Dolcetti-Brüder als italienische Militärinternierte in Nazi-Deutschland. Da aber dieser Bericht ohne die vorangegangene Suche nicht möglich gewesen wäre, hängen beide Themen dennoch eng zusammen. Mir schien auch notwendig, die private Geschichte durch kurze informierende Abschnitte zu ergänzen, die die persönlichen Erlebnisse in den historischen Kontext einordnen, ohne den sie nicht immer verständlich sind.

Berlin, Januar 2018   Ruth Lisa Knapp

Mit einem Brief fing es an...

Spät habe ich mich auf die Suche nach meinem leiblichen Vater gemacht, dessen Existenz mir meine Mutter lange verschwiegen hatte. Es hat sich gelohnt. Meine große griechische Familie, die ich nach und nach kennenlernte, hat mich, den fremden Deutschen, freundlich aufgenommen. Dank der Erzählungen meines Onkels Takis konnte ich tief in die Vergangenheit des vertrackten 20. Jahrhunderts eintauchen und einiges über das Leben meiner Vorfahren in Erfahrung bringen, in dem Migration, Neuanfänge und Abbrüche an der Tagesordnung waren. Zweimal haben Kriege hart in das Schicksal der Einzelnen eingegriffen und zu Verschleppung, Gefangenschaft, Zwangsarbeit und Flucht geführt, Erlebnisse, die ihre Spuren hinterlassen haben bis heute.

Im Folgenden berichte ich, wie ich herausgefunden habe, woher ich stamme und was mir über die Familie meines Vaters Pietro Dolcetti bekannt geworden ist. Was er und seine beiden Brüder im Zweiten Weltkrieg und kurz danach erlebt haben, bildet einen Schwerpunkt und zeigt an einem konkreten Beispiel das immer noch wenig bekannte Schicksal der italienischen Militärinternierten während der Naziherrschaft.

Meine Spurensuche begann im Jahr 1996 mit diesem Brief, den ich in zwei Versionen, auf Deutsch und auf Griechisch, an mehrere Adressen im Großraum Athen verschickte:

**Pietro Dolcetti und
Edeltraut Gregori** 1944/45

13.06.1996

Sehr geehrte Familie Dolcetti,

ich bin am 18. 10. 1945 als Jack-Peter Gregori geboren und wende mich heute mit einer vielleicht unverständlichen Frage an Sie.

Mein Vater Pietro Dolcetti, geboren 1922, war 1945 mit meiner Mutter verlobt und sie wollten heiraten.

Im Mai/Juni 1945 wurde meine Mutter Edeltraut Gregori aus dem Sudetenland ausgewiesen und musste von heute auf morgen fliehen. Die kurz nach Kriegsende durchgeführte Suche nach Pietro Dolcetti und seiner Familie blieb damals erfolglos. 1947 erhielt ich durch Adoption meinen jetzigen Familiennamen Kurbjuweit.

Pietro Dolcetti, geb. 1922, hatte 2 Brüder:
Nikolaus Dolcetti, geb. 1924, und Takis Dolcetti, geb. 1926

Sollten in Ihrer Familie verwandtschaftliche Beziehungen bestehen oder Sie etwas darüber wissen, würde ich mich sehr freuen, von Ihnen mehr zu erfahren, und verbleibe mit herzlichen Grüßen

Jack-Peter Kurbjuweit

Was darauf folgte, ist in Kapitel 2 und 3 nachzulesen. Zuvor berichte ich kurz über meine eigene Kindheit und Jugend in einem Flüchtlingslager bei Salzgitter und wie ich von der Existenz meines leiblichen Vaters erfuhr. Im 4. Kapitel schildere ich die Geschichte der Familie Dolcetti, soweit ich sie mithilfe meines Onkels Takis rekonstruieren konnte. Sie beginnt Ende des 19. Jahrhunderts mit meinem Urgroßvater Pietro, erzählt von meinem Großvater Giacomo und endet mit dessen Söhnen Pietro, Nikos und Takis.

Der Untertitel „Eine europäische Spurensuche" wurde gewählt, weil wiederholte Ortswechsel diese Familie geprägt haben: einerseits die freiwillige Migration zwischen Italien, Griechenland und Deutschland, andererseits die Deportation von Italien auf deutsches Reichsgebiet und die Rückkehr der Verschleppten durch mehrere europäische Länder nach dem Zweiten Weltkrieg. Kurze informierende Texte sollen das Geschilderte in einen größeren Kontext stellen, denn die Zeitumstände im jeweiligen historischen Moment haben eine wichtige Rolle gespielt und unsere persönlichen Lebenswege entscheidend beeinflusst.

Hameln, Januar 2018   Jack-Peter Kurbjuweit

Kapitel 1
Meine Kindheit im Lager Watenstedt-Salzgitter

Das Lagergelände

Ich wurde im Oktober 1945 in Watenstedt-Salzgitter geboren. Meine ersten zwölf Jahre habe ich im dortigen Flüchtlingslager verbracht. Das Lager bestand bis in die sechziger Jahre. Es wurde Zug um Zug aufgelöst und durch Neubaugebiete in anderen Stadtteilen ersetzt. Als Kind nahm ich dieses Lager wahr als eine riesengroße Stadt, die aus lauter Holz- und Steinbaracken bestand. Das Zentrum bildete die sogenannte Feierabendhalle, die für Veranstaltungen genutzt wurde und auch eine Gaststätte, eine Kegelbahn und ein Kino beherbergte.

Luftaufnahme des Barackenlagers Watenstedt-Salzgitter

Angegliedert waren ein Kindergarten und eine Schule, die zunächst ebenfalls in Baracken untergebracht waren. Es gab einen Bäcker, diverse Läden und größere Freiflächen für Aufmärsche. 1945 lebten in diesem ehemaligen Zwangsarbeitslager circa 15.000 Flüchtlinge.

Zwischen dem Barackenlager und dem alten Dorf Watenstedt-Salzgitter lag der sogenannte Gummibahnhof. Uns kleinen Steppken

Im Zuge der Kriegsvorbereitungen wurden 1937 in der Nähe von Braunschweig die „Reichswerke AG für Erzbergbau und Eisenhütten Hermann Göring" gegründet. Dort sollten aus den Eisenerzen der Region Rüstungsgüter hergestellt werden. Innerhalb von zwei Jahren bauten zehntausende Arbeiter aus dem In- und Ausland diesen modernsten und größten Rüstungsbetrieb Nazi-Deutschlands auf. Sie waren in provisorischen Barackenlagern untergebracht, in denen nach Kriegsbeginn die Kriegsgefangenen und Deportierten einquartiert wurden, die in der Rüstungsproduktion Zwangsarbeit verrichten mussten. Ab 1942 entstanden im Gebiet Salzgitter zusätzlich drei Außenlager des KZ Neuengamme. „Vernichtung durch Arbeit" war der von Goebbels geprägte Begriff für diese Form extremer Ausbeutung. Im Gebiet von Salzgitter befreiten die Alliierten im April 1945 ca. 40.000 Menschen (Kriegsgefangene, KZ-Häftlinge, Zwangsarbeiter), sie bildeten mehr als die Hälfte der Gesamtbelegschaft der Reichswerke. Die Barackenstadt wurde bis in die 1960er Jahre weiter als Flüchtlingslager für aus den Ostgebieten geflüchtete Deutsche genutzt.

kam dieses asphaltierte Areal riesig vor. Hier gab es circa zehn Haltestellen für parallel haltende Busse, mit denen man fast alle 28 Stadtteile der Großstadt Watenstedt-Salzgitter erreichen konnte. Beim Gummibahnhof befand sich eine Baracke mit Gaststätte, Lebensmittelgeschäft und einem Zeitungs-Lotto-Schnaps-Laden.

An den Rändern des Barackenlagers, das in einzelne Sektoren unterteilt war, befanden sich weitläufige, teilweise gesprengte Bunkeranlagen. Auf der südlichen Seite wurde das Lager von den Linke-Hoffmann-Waggonwerken und einer großen Kiesgrube begrenzt, in der die Schlacken aus den Hochöfen der Hüttenwerke über Gleisanlagen entsorgt wurden. Auf der Nordseite war die Hauptverwaltung Drütte untergebracht und links davon, in westlicher Richtung, befand sich die Werksanlage der Hütte, der ehemaligen „Reichswerke Hermann Göring".

1952 im Lager

13

Kurz nach der Geburt 18. Oktober 1945

Wohnverhältnisse

Unsere Familie, meine Mutter, mein vermeintlicher Vater, zwei jüngere Geschwister und ich, wohnten in einer Steinbaracke. Diese Unterkünfte waren komfortabler als die Holzbaracken. In jedem dieser Gebäude gab es eine Wohnung am Kopfende und durch vier seitliche Eingänge gelangte man in vier weitere Wohnungen.

In unsere Wohnung gelangten wir durch einen winzigen Flur. Rechts führte eine Tür zu einer kleinen Abstellkammer mit Doppelhochbett. Durch die andere Tür betrat man das Wohnzimmer, von dort aus ging es weiter in die Küche und ins Schlafzimmer. Im Wohnzimmer stand ein sogenannter Sägespäne-Ofen, der aussah wie ein großes Metallfass. In der Küche gab es einen gemauerten Herd mit Backofen, der mit Briketts und Eierkohle betrieben wurde, sowie ein Waschbecken

14

mit Wasseranschluss. Jeden Samstag wurde eine kleine Zinkwanne in der Küche aufgestellt. Das Badewasser wurde auf dem Küchenofen erhitzt und mit kaltem Wasser in der Wanne vermischt. Erst setzte sich Mutter in die Wanne, dann kamen wir Kinder an die Reihe. Nach dem Haarewaschen mussten wir aufstehen und wurden mit Wasser begossen, um den Schaum abzuspülen.

Danach gab es Abendbrot und dann durften wir im Fernsehen die aktuelle Schaubude mit ansehen. Für jeden machte meine Mutter einen Teller mit einzelnen Schokoladenstückchen und Keksen zurecht. Süßigkeitenentzug war eine der Strafen. Das führte einmal dazu, dass wir Kinder, allein zuhause, Bonbons selbst herstellen wollten. In einem Topf haben wir Butter zerlassen, Zucker zugefügt, gerührt, die klebrige Masse in kaltes Wasser gekippt und abgekühlt – und fertig waren unsere wunderbaren Karamellbonbons. Aber dafür, für die eigene Arbeit, gab es Schimpfe, denn Topf, Herd und Kochlöffel hatten wir hinterher natürlich nicht sauber bekommen.

Die Latrine

Mehrere Baracken teilten sich eine Latrinenanlage, die etwa 50 Meter entfernt war, ein langer Schuppen mit zehn Eingängen auf jeder Seite. Die etwas älteren Kinder wurden angehalten, diese Latrine zu benutzen. Sie hat bei mir einen bleibenden Eindruck hinterlassen. Die Latrine war für mich das Schlimmste überhaupt im Lager. Allein der Gang dorthin löste Horrorfantasien aus: Falle ich da mal rein? Zieht mich da mal einer runter? Es war einfach nur schrecklich. Sobald man die Latrinentür geöffnet hatte, musste man in das große Donnerbalken-Öffnungsloch schauen. Kaum saß ich auf dem Balken, durchlief mich ein schauerliches Gefühl: Was da unten wohl alles drinnen ist? Was da drunten wohl lebt? Es gab keine Klodeckel, keine Wasserspülung, stattdessen penetranter Chlorgestank, der mich veranlasste, diesen schrecklichen Ort ganz, ganz schnell wieder zu verlassen. Die Hose konnte ich mir ja auch vor der Tür wieder hochziehen.

Schule und Freizeit

In Watenstedt-Salzgitter wurde 1952, dem Jahr meiner Einschulung, außerhalb des Lagers eine neue Schule eröffnet. Von dem neuen riesigen Gebäude gelangten wir durch einen Verbindungsbau zur angeschlossenen Sporthalle. Der Sportunterricht wurde damals sehr wichtig genommen, diese Stunden wurden immer gehalten. Im Verbindungsbau befanden sich moderne Umkleideräume und Duschanlagen. Es war herrlich, nach dem Sport dort mit warmem Wasser zu duschen. Für uns Kinder war es die einzige Duschmöglichkeit im gesamten Lager.

Wir hatten einige recht strenge Lehrer, meist ehemalige Soldaten. Sie benutzten teilweise noch den Rohrstock. Und zuhause hatten wir

Schnee und Sonnenstrahlen im Lager

Weihnachten mit Eltern und Großeltern

meist strenge Eltern. Mein Vater arbeitete im Dreischichtbetrieb im Kraftwerk, war also kaum daheim, auch am Wochenende nicht. Meine Mutter arbeitete als Sekretärin. Sie ging morgens zur Arbeit und kam erst am späten Nachmittag zurück. Wir Kinder waren ab Mittag wieder zuhause, eine Nachbarin kochte uns das Mittagessen, danach waren wir uns selbst überlassen. So taten wir uns an den langen Nachmittagen ohne elterliche Aufsicht in Jugendcliquen zusammen.

In jedem Lagerbereich gab es Jugendbanden, die hierarchisch gegliedert waren und jeweils einen Häuptling hatten. Hier galten eigene Regeln. Unsere Nachmittage waren spannend, wir hatten sehr viel Spaß. Die kleineren Verletzungen und Abschürfungen, die bei unseren Raufereien entstanden, nahmen wir in Kauf. Wir klauten um die Wette die besten Bonbons im Lebensmittelgeschäft. Anschließend wurden die Süßigkeiten genau gezählt und gleichmäßig auf alle verteilt. Wir klauten Schrott beim Schrotthändler und brachten, was wir erbeutet hatten, durch das Eingangstor auf der anderen Seite des Platzes zum selben Schrotthändler zurück. Er wog es auf seiner Schrott-Waage und wir kassierten ein paar Groschen dafür. Wir spielten Cowboy und Indianer gegen jeweils andere Banden, machten Streifzüge durch die alten Bunkeranlagen und Tunnelsysteme, suchten nach Waffen und Munition, die überall zu finden waren, und hatten in den Sommermonaten eine gute Zeit in den alten Kiesgruben.

Besonders beliebt bei allen Jugendbanden war der eigene Tabakanbau, oder wir vermischten den Tabak aus den überall aufgesammelten Kippen zu neuen Mischungen, die wir in Papier drehten oder in Indianerpfeifen rauchten. Das Rauchen gehörte in allen Cliquen immer dazu, erst dann war man ein ordentliches Mitglied. Auf der kleinen Gartenfläche, die zu den Baracken gehörte, wurde auch Mohn angebaut und wir waren darauf spezialisiert, die fremden Mohnkapseln zu ergattern, obwohl die Pflanzen streng bewacht wurden. Für mich waren dies die schmackhaftesten Beutestücke und ein bestimmter Mohnkuchen ist noch heute mein Lieblingskuchen. An den ersten sexuellen Kontakten beim Indianerspiel in selbst gebauten Zelten waren überwiegend Mädchen aus den höheren Klassen beteiligt. Ich erinnere mich an eine Karin, die vielen aus unserer Clique die Unschuld geraubt hat.

Der Untermieter

Irgendwann nahmen meine Eltern einen Untermieter zuhause auf, der im Wohnzimmer auf einer Klappcouch schlief. Er war Streifenpolizist und hatte einen Schäferhund, der Asta hieß. Mit dem Polizeihund an der Leine bei unserer schwächeren Clique aufzutauchen, wertete diese ungeheuer auf, wir waren dadurch zumindest gleichrangig. Nun mussten die anderen ihre Vormachtstellung beweisen und uns vertreiben. Mein Hinweis „Ich hole Asta" genügte, uns Respekt zu verschaffen und die Fronten zu klären.

Klaus hieß der Polizist, von ihm bekam ich öfter eine Abreibung, zweimal wohl mit Zustimmung der Eltern. Er besaß das größte Motorrad im Lager, eine Horex, die er am Abend auf einer kleinen Wiese vor unserer Baracke aufgebockt abstellte. Für unsere Clique war das natürlich toll. Ich saß vorne auf der Horex und lud jeweils einen anderen Jungen zum Mitfahren ein. Wir fuhren und fuhren um die Welt. Es dauerte nicht lange und unser Untermieter rief mir von der Baracke her zu: „Macht, dass ihr da runterkommt. Wenn die Maschine umkippt, könnt ihr euch verletzen. Die Horex ist schwer." Wir fuhren natürlich weiter durch die Welt – brumm, brumm, ein super Motorklang, wenn auch nur in unseren Köpfen. Auch wenn er „Runter von der Maschine!" brüllte, fuhren wir weiter, wir kannten doch noch lange nicht die ganze große weite Welt. An den Abend dachte ich dabei nicht. Da gab es dann die erste schmerzhafte Abreibung.

Klaus, der Polizist, öffnete jeden Abend nach Dienstschluss sein Koppel und seine Pistolentasche, zerlegte die Pistole in ihre Einzelteile, wickelte diese in ein Tuch und verstaute sie in seiner Aktentasche, die mit einem Zahlenschloss gesichert war. Eines Abends gingen die Eltern mit Klaus zu einer Geburtstagsfeier. Während mein Bruder Ralf in dem Aquarium, das der Untermieter liebevoll pflegte, nach Fischen angelte, versuchte ich, alle Einzelteile aus der Aktentasche herauszubekommen und die Pistole zusammenzusetzen. Das gelang mir auch, und nun wollte ich ausprobieren, ob sie tatsächlich funktionierte. Unsere Haustür hatte im unteren Bereich einen Briefschlitz mit Klappe. Mit einer Hand hielt ich die Klappe hoch, mit der anderen steckte ich die Pistole quer durch den Schlitz und drückte ab. Es gab einen höllischen Knall. Mir kam es vor, als hätte ich mir in die Hosen gemacht. Schnell baute ich die Pistole wieder auseinander und verstaute die Teile in der Aktentasche. Ralf hatte es inzwischen geschafft, einige Fische aus dem Aquarium zu angeln und in ein daneben stehendes Gefäß zu setzen.

Fürs Angeln gab es Krach und Schimpfe, fürs Schießen wurde mir so richtig der Hintern versohlt, und beide bekamen wir Stubenarrest. Dieser Arrest war allerdings keine schlimme Strafe für uns Kinder, denn er galt nur, wenn die Eltern zuhause waren. Waren wir uns selbst überlassen, fanden wir immer Mittel und Wege, unser Cliquenleben draußen weiterzuführen.

Erste Information über meinen leiblichen Vater

Als ich dreizehn Jahre alt war, trennte sich meine Mutter von meinem Vater und ließ uns allein im Lager zurück. Ich vermutete, dass er, der frühere „Tapferkeitsoffizier", ihr Gewalt angetan hatte. Sie zog nach Hannover, wo sie als Chefsekretärin bei der AEG beschäftigt war. Ihr Weggang verletzte mich sehr, ich kam mir verlassen vor und vermisste sie jetzt besonders, denn eine liebevolle Beziehung zum Vater hatte ich nie gehabt. Im Lager blieb ich mit meinem Bruder allein zurück, meine Schwester zog zu unserer Großmutter Anna Gregori. Für eine kurze Zeit versorgte uns eine Haushälterin, wenn der Vater zur Schicht war. Ich durfte einen zugelaufenen Hund behalten und zu Hause aufnehmen.

Bald darauf wurde ich zu einem sechswöchigen Kuraufenthalt in den Schwarzwald geschickt. Damals war es üblich, magere Kinder zum Aufpäppeln nach Süddeutschland zu schicken, andere Kinder landeten zur Erholung an der Nordsee oder der Ostsee. Als ich von dieser Kinder-Kur zurückkam, war mein Hund weg und eine neue Frau mit zwei Kindern war da. Das sei unsere neue Mutter, wurde mir erklärt, und in einigen Tagen würden wir das Lager verlassen und gemeinsam in eine neue, eine richtige Wohnung umziehen. Mit diesen plötzlich aufgetauchten Fremden wollte ich nicht mitgehen, im Lager hatte ich wenigstens meine Clique und Freunde. Aber heulend, in tiefem Schmerz, musste ich mit umziehen.

Nach dem Umzug versuchte ich, mich auf die neue Situation einzustellen. Ich konnte mich aber nicht an die neue Frau und die mitgebrachten Kinder gewöhnen. Während eines Streits – ich hatte mich schützend vor meinen Bruder gestellt, als die mitgebrachten Mädchen ihn ärgern wollten –, schrie sie mich an: „Was willst du denn, du gehörst hier überhaupt nicht dazu, das ist doch gar nicht dein Vater!" Ich war wie vor den Kopf gestoßen. Mein Vater ist nicht mein Vater, was sollte das heißen?

Völlig aufgelöst fuhr ich zu meiner Großmutter, die in der Nähe in Salzgitter-Lebenstedt wohnte, und berichtete ihr diesen Vorfall. Die Großmutter erklärte mir, es stimme, was die Frau gesagt hatte, und dass mein leiblicher Vater ein Grieche sei, mit dem meine Mutter gegen Ende des Krieges verlobt war.

Sie lebte damals mit ihren Eltern im Sudetenland. Nach Kriegsende wurden die Deutschen dort aufgefordert, einige Sachen zusammenzupacken und zu verschwinden. Von heute auf morgen mussten sie das Sudetenland (heute Tschechien) verlassen. So landete meine Mutter 1945 in dem Flüchtlingslager in Salzgitter, in dem ich aufgewachsen bin.

Meine Mutter sei damals schwanger gewesen, erzählte mir meine Großmutter. In den Tagen vor der erzwungenen Ausreise habe sie den Kontakt zu Pietro, meinem leiblichen Vater, verloren. Später habe sie ihn über das Rote Kreuz suchen lassen – vergeblich. Er galt als vermisst und habe die Zeit wohl nicht überlebt. Meine Mutter habe geheiratet und ihr Mann, Kurbjuweit, habe mich adoptiert. Das war alles, was die Großmutter mir berichten konnte oder wollte.

Nach dieser überraschenden Information fuhr ich völlig aufgelöst zurück zum Vater, der nicht mehr mein Vater war, packte schnell meine Sachen zusammen und verließ die Wohnung. Die Familie eines Schulfreunds aus dem Lager nahm mich bei sich auf. Die Mutter meines Freundes warnte mich: „Sie werden dich suchen, aber bis sie dich gefunden haben, kannst du bei uns bleiben." Nach ein paar Tagen Unterbrechung ging ich einfach weiter in meine bisherige Schule. Es war dort überhaupt nicht aufgefallen, dass ich ein paar Tage gefehlt hatte.

Das ging einige Monate gut, doch dann fanden sie mich. Ich sollte mich nun entscheiden, ob ich bei meiner Mutter oder bei meinem Stiefvater und seiner neuen Frau leben wollte. Ich wollte weder das eine noch das andere. Die letzten Wochen bis zum Schulabschluss verbrachte ich bei meiner Großmutter.

Nachdem ich die Schule im April 1960 abgeschlossen hatte, arbeitete ich ein halbes Jahr im Straßenbau und bei einem Bäcker und begann im Oktober im Stahlwerk meine Ausbildung zum Starkstrom-Elektriker. Es gab wohl eine Vereinbarung zwischen den Eltern, mir gemeinsam ein Zimmer zu finanzieren. Mit meiner Ausbildungsvergütung von 45 DM sollte ich selbst für alles Weitere aufkommen. Dabei hatten sie vermutlich den Hintergedanken, dass ich damit nicht klarkommen würde und dann doch bei einem der beiden wieder unterkriechen müsste, was jedoch nicht geschah.

Mit Beginn der Ausbildung gründeten wir eine gewerkschaftliche Jugendgruppe, die sich wöchentlich im Jugendfreizeitheim traf. Hier wusste jeder Bescheid, welches Zimmer ich gerade hatte und ob ich dort Frühstück bekam.

Immer wenn einer von einem Zimmer wusste, wo Unterkunft und Verpflegung besser oder billiger waren, zog ich um. Das war eine spannende Zeit, da es in Salzgitter unterschiedliche Landsmannschaften von Geflüchteten gab, die jeweils in bestimmten Straßenzügen wohnten. So lernte ich ganz verschiedene Familiensituationen, Mentalitäten, Gebräuche und Gewohnheiten kennen. Besonders politisiert wurde ich durch einen Auschwitz-Besuch unserer Jugendgruppe im ersten Ausbildungsjahr.

Nachdem ich meine Ausbildung abgeschlossen hatte, heiratete ich. Beim Tanzen auf einer gewerkschaftlichen Veranstaltung zum Jugendmonat der IG Metall hatte ich Marie-Anna Schuray kennengelernt und mich Hals über Kopf in sie verliebt. Vor der Hochzeit nahm ich Kontakt zu meiner Mutter auf, da ich ihr Einverständnis benötigte, denn man war damals erst mit einundzwanzig volljährig und ich war erst neunzehn. Wir bekamen einen Sohn.

Kurz bevor meine Mutter im Dezember 1971 starb, gab sie mir ein paar weitere Informationen über meinen Vater. Sie notierte Geburtsdatum und Geburtsort sowie die Namen von zwei seiner Brüder und deren Geburtsdaten, auch dass alle drei aus Athen stammten. Diese Informationen bewahrte ich auf, wurde aber nicht aktiv, denn mit den alten Familienstrukturen wollte ich damals nichts mehr zu tun haben. Ich hatte mit all dem innerlich abgeschlossen und konzentrierte mich auf meine eigene kleine Familie.

Kapitel 2
Ein Brief und die Folgen

Die Suche beginnt

Viele Jahre waren wir im Urlaub nach Jugoslawien gefahren. Als dort in den neunziger Jahren die kriegerischen Auseinandersetzungen begannen, kam Jugoslawien als Urlaubsland nicht mehr in Betracht und wir verbrachten unseren Urlaub von da an immer in Griechenland.

Bei einem dieser Griechenlandurlaube kaufte ich meine Lieblingskekse, die in ganz Griechenland bekannten „Caprice" der Firma Papadopoulos. Sie sehen aus wie Zigarillos und haben eine leckere Schokoladenfüllung. Ich hielt die Keksdose in der Hand, hebelte den weißen Plastikdeckel auf und darunter lag ein pinkfarbenes Blatt, auf dem das Wort „Dolcetti" stand, der Familienname meines Vaters. Dieser Zufall sollte Folgen haben. Ich überlegte, ob mein Vater vielleicht doch noch leben könnte. Wollte ich das herausfinden? Sollte ich mit den heutigen Möglichkeiten versuchen, etwas über ihn zu erfahren, nachdem die Suche meiner Mutter kurz nach dem Krieg erfolglos verlaufen war? Ich war damals 50 Jahre alt und entschied mich für eine neuerliche Suche. Sie begann über den Suchdienst des Deutschen Roten Kreuzes, verlief jedoch ohne Erfolg.

Trotzdem wollte ich jetzt nicht aufgeben. Als Nächstes suchte ich während eines Griechenlandurlaubs im Adressbuch der griechischen Post nach dem Namen Dolcetti im Großraum Athen. Und tatsächlich: Viermal tauchte dieser Name dort auf. An diese vier Adressen schickte ich den zu Beginn abgedruckten, vorsichtig formulierten Brief, in dem ich mich vorstellte und die Adressaten nach Verbindungen zu Pietro, Nikos und Takis Dolcetti fragte.

Ich wartete angespannt, es kam jedoch keine Antwort. Daraufhin verglich und korrigierte ich beim nächsten Griechenlandurlaub die verwendeten Adressen, verschickte den gleichen Brief am 7.10.1997 ein

Seit Kriegsende 1945 bis heute hilft der Suchdienst des Deutschen Roten Kreuzes Menschen, die aufgrund von Kriegen und bewaffneten Konflikten, Katastrophen oder durch Migration voneinander getrennt wurden, den Kontakt wiederherzustellen. Er unterstützt die weltweite Suche nach Angehörigen, zu denen der Kontakt verloren gegangen ist. Der DRK-Suchdienst verfügt über eine zentrale Namenskartei und ein internationales Netzwerk. Jeder, der Klarheit über das Schicksal von Angehörigen sucht, kann diesen kostenlosen Dienst in Anspruch nehmen.

zweites Mal und wartete wieder. Wie beim ersten Versuch spürte ich diese innere Anspannung. Dieses Mal erhielt ich eine Antwort: Giacomo, der Sohn von Nikos Dolcetti, dem jüngeren Bruder meines Vaters, schrieb: „Wir sind die Familie, die du suchst, aber wir können dir nicht helfen, wir wissen nichts von deinem Vater, aber wir würden uns über einen Kontakt freuen."

Überglücklich wäre ich am liebsten sofort losgefahren, um dieses Signal aufzugreifen und den ersten Kontakt zu meiner Herkunftsfamilie zu vertiefen, musste mich aber noch gedulden.

Beim folgenden Griechenlandurlaub trafen wir uns mit Giacomo und seiner Frau Maritina auf dem Lykavitos-Berg in Athen. Eine Freundin von uns aus Koroni war als Dolmetscherin dabei. In dem Gespräch erfuhr ich von Giacomo: „Dein Vater lebt, aber wir können dir nicht weiterhelfen, wir wissen nicht, wo er ist. Es gibt noch einen Onkel, den kannst du anrufen, den Takis." Er gab mir seine Telefonnummer.

Kaum waren wir aus Athen in unseren Urlaubsort Koroni zurückgekehrt, rief ich bei meinem Onkel Takis an. Ich war sehr aufgeregt. Er konnte sich erstaunlich gut in Deutsch mit mir unterhalten. Bei diesem

25

ersten Kontakt sagte er: „Wenn du im Urlaub wieder nach Koroni kommst, musst du mich unbedingt in Athen besuchen. Ich lade dich ein in mein Haus in Rafina."

Auch während der Anreise zu meinem ersten Besuch bei Takis war ich sehr aufgeregt. Auf einem Parkplatz in Rafina rief ich ihn an und er holte uns dort ab. Es gab eine herzliche Umarmung, wir hatten beide Tränen in Augen. Die gleiche herzliche Aufnahme erfuhr ich im Haus von Takis. Dort wollten sie alle Einzelheiten über mein Leben erfahren und ich begann zu erzählen. In den folgenden Jahren habe ich Takis mehrmals in Rafina besucht und er kam auch zu uns nach Koroni, wenn wir dort im Urlaub waren. Jeweils am Abend trafen sich alle Familienmitglieder zum Essen, mal bei Takis, mal bei seinen Kindern Pietro und Maria oder bei anderen Verwandten.

Ein griechisches Osterfest

Richtig in die Familie aufgenommen wurde ich, der Fremde aus Deutschland, Ostern 2000. Wir waren zum griechischen Osterfest eingeladen.

Ein Teil der Familie Dolcetti in Rafina

26

Meine Frau Marianne hatte sich am Fuß verletzt und drängte mich, alleine zu reisen, was ich auch tat.

Am 13. April 2001 holten mich Takis, sein Sohn Pietro und seine Tochter Maria am Flughafen in Athen ab. Wieder wurde ich herzlich empfangen. In der Wohnung von Takis in Rafina begrüßte uns seine Frau Zoi. Nach dem Mittagessen besuchten wir Jorgos, einen Freund von Takis, der Joghurt herstellt, und bekamen frische Schafsmilch zu trinken. Dann spazierte ich mit meiner Cousine Maria durch Rafina. Ich sprach Deutsch, sie Englisch, manchmal waren ein paar deutsche Wörter darunter. Wir verstanden uns trotzdem sehr gut. Sie ist Grafik-Designerin und arbeitet in Mailand. Ihr Vater sei in ihrer Jugend sehr streng gewesen, erzählte sie, sehr konservativ. Es habe viele Konflikte zwischen ihnen gegeben, da sie sich im Gegensatz zu ihrem Bruder immer gegen ihn aufgelehnt hatte. Takis habe dann auch einmal ein Jahr lang nicht mit ihr gesprochen. Maria wurde meine „Lieblingscousine".

Am nächsten Tag ging es mit der Fähre zur Insel Andros, wo mein Cousin Giacomo ein Ferienhaus hat, in dem das griechische Osterfest gefeiert werden sollte. Bei dieser Gelegenheit lernte ich fast alle Familienmitglieder kennen, und sie mich. Ihre Art, das Osterfest zu feiern,

Von links: Giacomo, Jack-Peter, Pietro, Maria, Dimitri

war für mich vollkommen neu, es wurde mein erstes richtiges Ostern, eben ein griechisches Πασχα (Pas-cha). Alle waren in die Vorbereitung einbezogen: das bestellte Lamm und die Innereien abholen, das Lamm auf dem Grillspieß befestigen, Därme aufschlitzen, in Zitronensaft reinigen und die auf einen weiteren, eineinhalb Meter langen Spieß gesteckten Innereien damit umwickeln. Es wurde gebacken und alle waren mit irgendetwas beschäftigt, um das wichtigste griechische Fest vorzubereiten. Um Mitternacht gab es die traditionelle Majiritsa-Suppe aus Innereien mit Osterbrot und Ostergebäck, rot gefärbte Eier wurden gegeneinander geschlagen und derjenige, dessen Ei nicht beschädigt wurde, sollte für das ganze folgende Jahr der Glückliche sein. Mein heil gebliebenes rotes Ei habe ich bis heute aufbewahrt.

Am nächsten Tag wurde das Grillfeuer entfacht und das Lamm und der Kokoretsi-Spieß von den männlichen Familienmitgliedern abwechselnd gedreht und mit reichlich Ouzo begossen. Alle gaben mir ihre

Familiengrab auf dem röm.-katholischen Friedhof

Lieblingsteile vom Lamm und vom Kokoretsi-Spieß zum Probieren, was ich dank Ouzo auch einigermaßen schaffte. Es war eine einzigartige Feier mit Essen, Trinken und gemeinsamem Tanz. Ich, der Fremde war aufgenommen und hatte alle in mein Herz eingeschlossen. Nur mein Vater war nicht dabei. Ihn hatte ich noch immer nicht treffen können.

Zur vollständigen Aufnahme in die Familie gehört wohl auch der Friedhofsbesuch, denn nach der Rückkehr von Andros fuhr Takis mit mir zu zwei Friedhöfen in Athen.

Die männliche Linie der Familie liegt auf dem römisch-katholischen, die weibliche auf dem orthodoxen Friedhof Nummer 1. Anschließend besuchten wir noch seinen Bruder Nikos, meinen anderen Onkel. Er erzählte in gebrochenem Deutsch, dass er zuletzt über Märkte fuhr und Stoffe verkaufte, und zeigte mir die Ölbilder, die er jetzt malt. In der folgenden Zeit korrespondierte ich mit mehreren Familienmitgliedern per E-Mail und Telefon und tauschte mit ihnen

Familiengrab auf dem orthodoxen Friedhof

29

Fotos aus. Mit Takis habe ich mich oft am Telefon unterhalten. Er freut sich jedes Mal, wenn er meine Stimme hört. Aus unseren Fotos will er ein Bild von seiner Familie zusammenstellen.

Ich schlug ihm vor, uns in Deutschland zu besuchen, bevor wir das nächste Mal nach Griechenland fahren würden. Dann könnten wir von Deutschland aus nach Tschechien reisen und danach nach Athen zurückfahren. Er fand die Idee, gemeinsam das Dorf meiner Großeltern und meiner Mutter zu besuchen, sehr gut. In der Gegend waren die drei Brüder Dolcetti von 1943 bis 1945 als Zwangsarbeiter in deutscher Gefangenschaft. Im August 2000 besuchte uns Takis' Sohn Pietro in Hameln. Er war auf einem Motorrad-Trip von Athen nach Norwegen. Takis habe für den 25. August einen Flug nach Hannover gebucht, berichtete er. Ich holte ihn am Flughafen ab und er lernte unser Zuhause kennen.

Unsere Reise nach Tschechien

Wie besprochen fuhren wir zusammen nach Tschechien ins ehemalige Sudetenland. Nach Takis' Erinnerungen suchten wir dort alle die Orte auf, an denen er, mein Vater Pietro und mein Onkel Nikos sich während der Gefangenschaft aufgehalten hatten: das Werk Ullersdorf, wo sie Zwangsarbeit verrichten mussten, die Baumwollspinnerei Mitscherlich, das Gefängnis und das Haus der Großeltern. Wir machten viele Fotos von den einzelnen Schauplätzen. Zurück in Hameln veranstalteten wir eine kleine Feier, berichteten von der Reise und Takis erzählte von früher. Ich bat einen Freund, Takis am späten Abend auf die Adresse meines Vaters anzusprechen. Dieser Freund, Leandro, ist Richter und ich bemerkte, wie er sich gegen Ende der Feier recht streng auf Italienisch mit Takis unterhielt. Am nächsten Morgen kam Takis zum Frühstück und sagte: „Oh, Leandro hat mit mir geschimpft. Du weißt, dass Peters Vater lebt, hat er gesagt, dann kennst du auch seine Adresse. Peter, glaub mir, ich weiß sie nicht. Aber ich verspreche dir, sie zu besorgen."

Gemeinsam fuhren wir mit Takis nach Griechenland und er versammelte die Familie wie gewohnt zum Essen in seinem Haus in Rafina. Anhand der von mir gemachten Fotos schilderte er die schlimmen Erlebnisse aus der Kriegszeit. Alle lauschten, an verschiedenen Stellen seines Berichts flossen Tränen. Die gesamte Familie erfuhr zum ersten Mal, was die drei Brüder während des Krieges erlitten hatten und wie sie gerettet wurden.

Ausgelöst durch ein Bild, schilderte Takis mit Tränen in den Augen, wie er von der Polizei verprügelt worden war, dabei weinten fast alle Anwesenden gemeinsam und Takis atmete tief durch. Bis dahin war ich mir unsicher, ob diese Reise in die Vergangenheit ihm gut tun würde, alle schlimmen Erlebnisse wurden schließlich wieder aufgewühlt. Jetzt aber spürte ich, dass sein Sprechen über das Erlebte ihm gut tat und er endlich loslassen konnte. Nikos, sein Bruder, der die gleichen Erfahrungen gemacht hatte, saß stumm in der Ecke, er wollte über die damalige Zeit absolut nicht sprechen.

Ich hatte gehofft, bei diesem Besuch würde ich endlich die Adresse meines Vaters erhalten, wurde aber enttäuscht. Ohne zu wissen, wie ich mit meinem Vater in Kontakt kommen könnte, fuhren wir von Rafina in unsere Ferienwohnung nach Koroni. Takis versprach mir: „Jack, du bekommst dieses Jahr die Adresse deines Vaters. Ich weiß sie wirklich nicht, aber ich weiß, wo ich sie erfahren kann." Von da an hatte ich einen bestimmten Film im Kopf: Immer wieder stellte ich mir vor, wie die Begegnung mit meinen Vater ablaufen würde: Ich erhalte die Adresse, suche den Ort auf der Karte, um herauszufinden, wie ich am besten hinkomme – Auto, Bahn, Flugzeug –, dann stehe ich vor seiner Tür, klingle, trete ein und stehe meinem Vater das erste Mal gegenüber. Ich nehme ihn in den Arm und erkläre: „Ich bin dein Sohn. Erzähl mir von deinem Leben." Und dann wird er mir alles erzählen…

Zwischenzeitlich hatte ich einige Bemühungen angestellt, um Takis zu der Zwangsarbeiter-Entschädigung zu verhelfen, über die Anfang der 2000er Jahre so viel diskutiert wurde. Sehr spät war im Jahr 2000 die

Stiftung „Erinnerung, Verantwortung und Zukunft" gegründet worden, die das Ziel hatte, ehemaligen Zwangsarbeitern eine Entschädigung zu zahlen. Die deutsche Regierung und Vertreter von Unternehmen, die von der Zwangsarbeit profitiert hatten, richteten dafür einen Fonds ein. Ich bat einen Kollegen um Hilfe, der beim Vorstand der IG Metall für die Zwangsarbeiterentschädigung zuständig war, und teilte ihm die Daten mit, die ich von Takis erhalten hatte: 1943 bis Kriegsende 1945, Tschechien, Baumwollspinnerei Mitscherlich, von der Stadt Teplitz-Schönau mit der Bahn in Richtung Brüx nach Maria Radschitz, dann Richtung Berge. Ich fragte ihn, wo und wie mein Onkel seinen Anspruch auf Entschädigung geltend machen könne. Damals wusste ich noch nicht, dass er zur Gruppe der italienischen Militärinternierten (IMI) gehört hatte, die von den Zahlungen ausgeschlossen waren.

Die Stiftung Erinnerung, Verantwortung und Zukunft (EVZ) zahlte schließlich im Jahr 2007 1,7 Milliarden Euro an 4,7 Millionen ehemalige Zwangsarbeiter aus, eine lächerlich geringe Summe, ein symbolischer Betrag, der die noch lebenden ehemaligen Zwangsarbeiter keinesfalls für die geleistete Schwerarbeit unter erbärmlichsten Bedingungen entschädigte.

Trotz ihres besonderen Status als italienische Militärinternierte galten die Italiener für die Stiftung als Kriegsgefangene, für die es grundsätzlich keine Entschädigung gab. In den folgenden Jahren wurde diese Entscheidung vom Europäischen Gerichtshof für Menschenrechte und abschließend vom Internationalen Gerichtshof in Den Haag bestätigt. Diese Zwangsarbeiter gingen leer aus.

Die Deutsch-Italienische Historiker-Kommission, die 2008 von den Außenministern Steinmeier und Frattini einberufen wurde, empfahl daraufhin, den Militärinternierten einen Gedenkort und eine Dauerausstellung sowie ein Gedenkbuch zu widmen. Dies geschah auch: Das Buch „Zeugnisse der Gefangenschaft", herausgegeben von Gabriele Hammermann, erschien 2014 und im Dokumentationszentrum „NS-Zwangsarbeit" in Berlin-Schöneweide wurde 2016 eine Ausstellung eröffnet, die die Schicksale von italienischen Militärinternierten dokumentiert.

Kapitel 3
Mein Vater lebt

Besuch in Kandern

Am 24. Dezember 2000 gegen elf Uhr morgens erhielt ich einen Anruf von Takis. „Hast du was zum Schreiben? Ich habe die Adresse! Du siehst, ich halte mein Versprechen. Bitte sage meinem Bruder aber nicht, von wem du sie hast." Ich notiere: Maria M., Kandern, Straße und Hausnummer. Ich hatte gehofft, dass Takis die Adresse herausfinden würde und war mir fast sicher, dass das nur eine Frage der Zeit sein würde. Jetzt, da ich sie in Händen hielt, war ich aber doch aufgeregt. Im Computer suchte ich nach dem Ort Kandern, von dem ich noch nie gehört hatte, und fand ihn in der Nähe zur französisch-schweizerischen Grenze. Meine Frau sagte: „Ruf erst mal an." Aber ich hatte mir vorgenommen, direkt hinzufahren, sowie ich die Adresse bekomme. Ein Anrufer kann leicht abgewimmelt werden, steht man erst vor der Haustür, ist das nicht so leicht. Wir stritten eine Weile, dann fuhr ich los, genau wie in meinem Film.

Minus zwei Grad, unterwegs Eisregen. Ob ich überhaupt durchkomme? Es klappt. Im Ort muss ich länger suchen, bis ich das Haus finde. Es ist schon dunkel. Mir ist bange. Hätte ich doch auf Marianne gehört. Es ist sowieso immer besser, auf die Frauen zu hören… Trotzdem klingle ich. Eine Frau öffnet und ich frage, ob sie Maria M. ist. Als sie nickt, frage ich weiter, ob ich Pietro Dolcetti sprechen kann. Ja, das kann ich. Sie bittet mich herein.

Und dann sehe ich zum ersten Mal meinen Vater. Im Zimmer sitzt er an einem Tisch unter einem Tuch, er inhaliert gerade Kamille-Dampf. Ein einsam wirkender alter Mann.

„Ich bin Jack-Peter, dein Sohn", sage ich. Er schaut unsicher auf und ich nehme ihn in den Arm. Dann setze ich mich zu ihm und erzähle. Er lauscht, immer noch verunsichert, ich zeige Fotos, er fragt nach und fasst allmählich Vertrauen zu mir. Er will mehr von Traudel wissen, meiner Mutter. Ich erzähle von ihr und schildere, wie ich aufgewachsen bin, die Jahre im Lager Salzgitter-Watenstedt mit meiner Mutter, meinem Stiefvater, meinen jüngeren Halbgeschwistern, und dass man mir meine Herkunft lange Jahre verheimlicht hat. Pietro sagt, er habe Traudel nach Kriegsende gesucht, aber sie sei schon weg gewesen aus Teplice. Er habe gewusst, dass sie schwanger war, denn sie bekam mehr Verpflegungsmarken. Ich erzähle ihm von der gemeinsamen Spurensuche mit Takis an dem Ort, wo Traudel wohnte und wo er und seine Brüder gefangen waren und Zwangsarbeit leisten mussten. Und ich habe so viele Fragen. Wieso konnte er außerhalb des Lagers bei Traudel wohnen, während Takis eingesperrt war? Auch er sei im Lager gewesen, sagt er, aber im Sani-Bereich, wegen einer Verletzung. Er hatte einen Schreibarbeitsplatz. Dort hat er Traudel kennengelernt. Er bekam eine Bescheinigung, damit durfte er außerhalb des Lagers wohnen. Er wohnte nun in Teplice mit Traudel zusammen, jeden Tag fuhren sie beide von Teplice nach Brüx.

Takis hatte mir viele Fotos der Dolcetti-Familie gegeben, auch aktuelle, die zeigte ich Pietro, der gar keine hatte. Ich glaube, dass er sich freute, diese Bilder zu sehen. Anhand der Fotos konnte ich ihm über die Familienmitglieder von heute berichten. Er sagte, dass er weniger wisse als ich. Er wollte Bilder von seinem Vater von mir haben. Und dann erzählte er mir von seinem Leben:

Nach dem Krieg hat er in Rom Jura studiert, wollte aber eigentlich Medizin studieren. Dann war er im Außenministerium beschäftigt und sollte nach Amerika geschickt werden, aber er wollte nicht so weit weg, er wollte nach Athen. Er war ja in Griechenland geboren, dort lebte seine Familie. Da sie ihn nicht nach Athen schickten, hat er den Dienst quittiert. 1955 hat er geheiratet und wurde Reeder. Nach seiner Scheidung 1969 begann er, bei Athen Projekte mit Pflanzen zu entwickeln. Mit einem Gewächshaus, das kurz nach Inbetriebnahme in sich zusammenstürzte, hat er fünf Millionen Drachmen verloren. Daraufhin ging er nach Kreta, wo ein Verwandter ein Hotel hatte, und dort hat er Maria kennengelernt.

Maria machte uns Abendbrot und sie half uns auch bei der Verständigung, denn Pietro konnte nicht immer verstehen, was ich sagte. Einiges schien er sehr schnell zu vergessen, er hatte Krebs und war von

Mein Vater

der Krankheit gezeichnet. Maria erzählte, dass ihr Mann vor drei Jahren gestorben sei. Da Pietro und sie einsam waren, taten sie sich zusammen und bezogen die gemeinsame Wohnung in Kandern. Pietro habe ein schönes Hobby, er koche gerne und gut.

Pietro erzählte, dass er im Februar Olivenbäume von Kreta nach Italien bringen wolle, in die Toscana, und dass er dort dann bis Oktober auf einer Farm helfe und in der Nähe wohne.

Mein Vater wollte immer wieder wissen, woher ich seine Adresse hatte. Ich erzählte ihm von meinem Freund Leandro, der von Beruf Richter ist und sie mir besorgt habe. Maria bestätigte ihm, dass Richter doch immer an solche Informationen herankämen. Ich weiß nicht, ob er es glaubte. Er wollte mehr von meinem Leben und meiner Familie wissen. Wir unterhielten uns die halbe Nacht. Am Morgen frühstückten wir zusammen. Das Haus war geschmackvoll und mediterran eingerichtet, Weihnachten war optisch kaum vorhanden.

Wir vereinbarten zu telefonieren, er würde zurückrufen. Die Post sollte an Marias Adresse gehen. Er trug mir auf, vorsichtig zu fahren und meiner Familie Grüße auszurichten. Zum Abschied nahm er mich in den Arm und verabschiedete sich freundlich mit zwei Wangenküssen.

Zurück in Hameln rief ich gleich meinen Onkel Takis, meinen Freund Leandro, meinen Sohn Torsten und eine Schweizer Freundin an, die in Griechenland lebt und beim ersten Kontakt mit meinem Cousin als Dolmetscherin dabei war, und erzählte ihnen von diesem besonderen Tag, an dem ich mit 55 Jahren zum ersten Mal meinen Vater traf und mit ihm sprechen konnte.

Der Film, der sich vor dem ersten Zusammentreffen mit ihm in meinem Kopf abgespielt hatte, war Wirklichkeit geworden.

Kapitel 4
Die Vorfahren: Migration, Geschäfte, Erster Weltkrieg

Seit dem ersten Kontakt mit der Familie meines Onkels Takis im Jahr 1999 besuchten wir ihn mehrmals in Rafina bei Athen und er besuchte uns an unserem Urlaubsort in Koroni auf dem Peloponnes.

2008 und 2010 habe ich Takis bei ihm zu Hause interviewt und ihn ausführlich zu unserer Familie befragt, um möglichst viel über meine Herkunft zu erfahren. Diese Gespräche habe ich auf Kassette aufgezeichnet und im Jahr 2011 transkribiert. Bei unseren Besuchen in den folgenden Jahren hatte ich Gelegenheit, nachzufragen und unklare Stellen gemeinsam mit Takis zu klären, um seinen Bericht entsprechend zu korrigieren und zu ergänzen. Ich habe die Fragen auf Deutsch gestellt und er erzählte weitgehend auch auf Deutsch. Das ist erstaunlich für einen alten Mann, der vor vielen Jahren nur kurze Zeit mit dieser Sprache in Berührung gekommen war. Natürlich musste er oft nach Wörtern suchen und traf nicht immer die richtige Formulierung, von der korrekten Grammatik ganz zu schweigen. Aber er konnte sich verständlich machen. Um zu zeigen, wie diese Verständigung vor sich ging, gebe ich den Anfang des ersten Interviews im Original wieder. Dann folgt die Niederschrift unserer Gespräche in korrektem Deutsch, wobei Takis Ausdrucksweise so weit wie möglich beibehalten wurde.

Mein Urgroßvater Pedro Dolcetti: Ein Italiener in Griechenland

Transkription – Beginn des ersten Gesprächs im Jahr 2007

Peter: Wo fangen wir am besten an? Wo kommt die Familie Dolcetti her?

Takis: Von wo sie kommt?

Peter: Ja, von wo kommt die Familie Dolcetti und wann ist sie nach Griechenland gekommen?

Takis: Ah, woher und wann? Ich soll das alles erzählen?

Peter: Also Takis, wann ist die Familie Dolcetti nach Griechenland gekommen?

Takis: Mein Großvater ist gekommen vor, ich weiß nicht genau, vielleicht in 1885, vor 90 Jahren, oder vielleicht vor 100 Jahren. Mein Großvater studierte an der Universität in Genua Mineralogie. Es waren drei Studienfreunde zusammen: Pedro Dolcetti, mein Großvater, sein Freund Darego und ein dritter Freund war aus Genua, von einer Familie mit viel viel Geld in Genua.

Peter: Es waren also drei Freunde, die zusammen studiert haben.

Takis: Und Serpieri.

Peter: Der dritte Freund hieß Serpieri?

Takis: Ja, Serpieri. Diese dritte Familie war reiche große Familie aus Genua. An einen Sonntag diese Freunde alle weg. Mein Großvater blieb in Venedig, in Torino wohnt Darego und Serpieri wohnt in Genua. An einen Sonntag ist er gegangen spazieren im Porto. Da im Hafen, das war nicht wie heute, war ganz frei, ohne Polizei. Und dort hat er gesehen ein großes Schiff, Holzschiff, die fliegen, die fahren mit Luft, diese Schiffe.

Mein Onkel Takis

39

Peter: Also ein Segelschiff.

Takis: Ja. Dort hat er ein großes Schiff gesehen, voll beladen mit Holzfässern. Er war ja ein Spezialist für Mineralien und er hat oben auf dem Deck dieses Schiffes viele Holzstämme gesehen, an denen viel Erde klebte. Die Erde war getrocknet zu einer Lehmschicht. Er ist auf dieses Schiff gegangen und hat mit dem Fuß etwas getrocknete Erde abgetreten und diese als Probe mitgenommen. Er hat die Leute dort gefragt, von wo dieses Schiff gekommen ist, und er hat erfahren, dass es aus Griechenland kam. Er fragte weiter, was in den Fässern drin sei, und sie sagten, da sei Wein drin, Wein aus Griechenland. Und in welchem Hafen wurden die Holzstämme und die Weinfässer geladen, fragte er weiter. Die kommen aus Lavrio, war die Antwort.

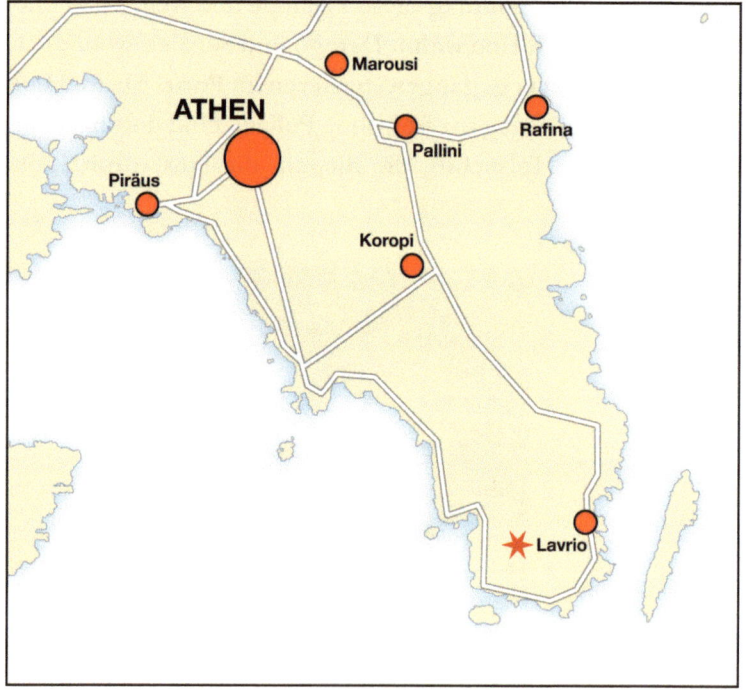

Lavrio: Siehe roter Stern

Lavrio (neugriechisch Λαύριο, altgriechisch Λαύριον Laurion) ist eine Gemeinde auf der Halbinsel Attika, direkt am Ägäischen Meer. Hier befanden sich im Altertum die Silberminen, die größtenteils zum Reichtum der Stadt Athen beigetragen haben.

Der Bergbau begann schon im 3. Jahrtausend v. Chr. Bereits in der mykenischen Epoche wurde Silber von hier nach Kreta, Santorin und Ägypten exportiert. Im 6. Jahrhundert v. Chr. begann die systematische Ausbeutung der Bodenschätze. In den folgenden Jahrhunderten waren Privatunternehmer als Pächter des Staates tätig. Im 2. Jahrhundert gab es dort keine Produktion mehr, erst ab 1864 wurde die Förderung wieder aufgenommen, u. a. durch den Ingenieur Serpieri. Lavrio war an die erste Eisenbahnlinie Griechenlands angebunden. Das Silber von Lavrio hatte einen Reinheitsgrad von 986/1000.

Dann ist mein Großvater vom Schiff gegangen und hat diese Lehmklumpen aus Lavrio mitgenommen, um sie zu analysieren. In Büchern hat er sich über Lavrio informiert und erfahren, dass das ein alter Hafen war und dass man dort in der Antike Silber und Blei gefördert hatte.

Peter: Was kam denn heraus bei der Analyse? Wie ging es weiter?

Takis: Der eine Freund, Jan Batista Serpieri, ist nach Griechenland gereist. Er hat Kontakt mit dem Gouverneur aufgenommen und viel Land gepachtet, das ganze alte Bergwerksgelände aus der Antike, alles. Dort waren die Silberminen der alten Athener, die hat er für 99 Jahre gepachtet. Es war nämlich in Griechenland nicht erlaubt, Land für eine längere Zeit zu pachten. Dann ist er nach Lavrio gezogen und hat

41

Personal aus Italien mitgebracht, Spezialisten für die Arbeit untertage. Und seine zwei Freunde, Pedro Dolcetti und Darego, sind auch nach Griechenland gekommen und haben dort auch Land gekauft.

Oben in Kamariza bei Lavrio haben sie ein Haus gebaut. Von Malta kamen Leute zum Arbeiten. Malta war damals italienisch. Mein Großvater hat auf Malta geheiratet und von dort stammte auch seine Frau Carmen, aus der italienischen Familie Stella.

Dort in Lavrio hat mein Großvater bis 1897 gearbeitet. Er hatte fünf Kinder, vier Töchter und einen Sohn. Der Sohn, das war mein Vater Giacomo.

Die Firma hieß Metalie Lavrio – Jan Batista Serpieri. Serpieri hat die erste Eisenbahn in Griechenland bauen lassen, die führte von Lavrio bis Piräus. Die erste Eisenbahnstrecke in Griechenland haben die Italiener gebaut.

Peter: Um ihre Produkte zu befördern?

Mein Urgroßvater Pedro Dolcetti

Pedro Dolcetti mit seiner Frau Carmen in Venedig, ca. 1913

Takis: Ja. Für die Produktion. Und sie haben auch die erste katholische Kirche in Lavrio gebaut, weil alle Leute, die gekommen sind, katholisch waren. Im Jahr 1897 ist Jan Batista Serpieri gestorben und im gleichen Jahr wurde mein Vater geboren.

Nach dem Tod von Serpieri wurde die italienische Gesellschaft Metalie Lavrio – Jan Batista Serpieri an die Franzosen verkauft und in Französisch Fiom Minerale Lavrio umbenannt. Der andere Freund, Darego, hat dann in Athen eine große Fabrik für Porzellanherstellung gegründet. Der Name war Keramikos. Und mein Großvater hatte eine Gesellschaft für Schiffstransporte in Piräus.

Ich fasse zusammen: Mein Urgroßvater Pedro Dolcetti stammte aus Italien, aus Venedig, er hat gegen Ende des 19. Jahrhunderts in Genua Mineralogie studiert, ist dann nach Griechenland ausgewandert und hat später in Piräus eine Reederei gegründet. Seine Frau Carmen Stella, meine Urgroßmutter, stammte aus Malta. Die beiden hatten vier Töchter und einen Sohn, meinen Großvater Giacomo Dolcetti.

Takis fährt fort:

Mein Großvater hat auch seine zwei Brüder, Antonio und Bepi, nach Griechenland geholt, in die Societe Metalie Lavrio – Jan Batista Serpieri. Einer war Direktor für Dynamit und Munition für den Einsatz im

43

Bergbau und der andere war zuständig für die Maschinen und das Werkzeug. Als die Gesellschaft 1897 an die Franzosen verkauft wurde, sind die zwei Brüder, Antonio und Bepi, nach Venedig zurückgekehrt, weil die Familie Dolcetti aus Venedig stammte. Bepi ist später in Lavrio gestorben und Antonio in Venedig. Dort in Venedig gibt es seine Familie auch heute noch, dort lebt mein Onkel Antonio, bei dem habe ich schon gewohnt.

Mein Großvater Giacomo Dolcetti: Ein unruhiger Geist

Takis: Mein Vater war ein Junge, der nicht ruhig bleiben konnte.
Peter: Also sehr lebhaft? Sehr wild?
Takis: Ja, wild war er. Mein Großvater wollte, dass er in Italien zur

Dieses Bild entstammt dem Buch " The story of my mother" meiner Großtante Sofia Zarambouka.

44

Schule geht. Er hatte einen Freund in Neapel, der hieß Penolini und war der Direktor der Telefon-Gesellschaft von Neapel. Mein Vater wurde also dort hingeschickt, er musste in einem Internat leben, also in der Schule schlafen.

Peter: Dein Vater war also in einen Internat in Neapel?

Takis: Ja. Und jeden Sonntag ging er zu dieser Familie Penolini. Die hatten einen Jungen und ein Mädchen, mit denen war mein Vater befreundet, sie gingen zusammen spazieren. Aber als 1914 der Krieg begann, trat mein Vater in die Armee ein.

Peter: Das war der Erste Weltkrieg.

Takis: Ja. Im Ersten Weltkrieg war er in der Armee. Er war ein großer Raufbold, mein Vater. Er konnte einfach nicht ruhig bleiben. Bei der Armee kam er in eine Abteilung, die Bataglioni da salto hieß. Ich weiß

Von links, vorne: Giacomo/Jack, Jovana, Felice.
Dahinter: Carmen (Großmutter), Louisa, Pedro (Großvater) und Angela

45

nicht, wie man das auf Deutsch sagt, die erste Linie an der Front.

Peter: Die in vorderster Linie kämpfen? Ein Sturmbataillon.

Takis: Was für Leute kommen in ein Sturmbataillon? Leute mit einer speziellen Eigenschaft, junge Raufbolde. Seine Mutter hatte eine Schwester, die auch von Malta gekommen war. Sie war die jüngste von fünf, sechs Kindern der Familie Stella. Sie wollte als Nonne in ein Kloster gehen hier in Griechenland. Sie war sehr fromm, hat immer in der Bibel gelesen und sich viel mit Büchern über Christus beschäftigt. Sie ist in ein katholisches Kloster auf einer Insel hier eingetreten. Das ist ein System, so ein Kloster. Wenn eine einmal reingeht, kommt sie nicht mehr raus.

Peter: Das Klostersystem.

Takis: Ja. Der Name dieser Schwester meiner Großmutter war Domenica Stella. Als der Krieg begann, war diese junge Frau im Kloster eingeschlossen. Sie hat einen Brief an den Papst geschrieben und

Takis Vater, mein Großvater Giacomo Docetti

46

gefragt, ob sie das Kloster verlassen kann. Denn das kann nur der Papst entscheiden. Sie wollte nach Rom gehen und dort in einem Kloster mit 200 anderen Frauen die italienische Armee unterstützen, sie wollte Strümpfe und Uniformen herstellen für die Soldaten. Diesen Wunsch hat sie öfter wiederholt und schließlich hat der Papst zugestimmt und sie ging nach Rom.

Als mein Vater an der Front war, hat ihm diese Tante Domenica, die Schwester seiner Mutter, immer Pakete geschickt. Als ein Paket, das sie ihm geschickt hatte, zu ihr ins Kloster zurückkam, war mein Vater für sie verloren. Jeden Sonntag ging sie zum Beten in die Kirche, immer sagte sie seinen Namen und dass alles gut wird. So beten die in der Kirche für jemanden, der verloren ist. Mein Vater war inzwischen in deutscher Gefangenschaft. In der Gefangenschaft war er einem General aus Ungarn zugeteilt, einem österreichisch-ungarischen Militär. Dieser

Zu Beginn des Ersten Weltkriegs 1914 blieb Italien zunächst neutral und griff nicht in die Kriegshandlungen ein, obwohl ein Militärbündnis mit Deutschland und Österreich bestand, der sogenannte „Dreibund". Im Mai 1915 trat Italien auf der Seite der Entente (Russland, Frankreich, Großbritannien) gegen Deutschland und Österreich in den Krieg ein. Das wurde als „Verrat" aufgefasst, den man den Italienern von deutscher Seite noch lange vorwarf.

Italien wollte sich strittige Gebiete sichern und besetzte Teile des Balkans und Griechenlands. Die sehr verlustreichen Schlachten im „Alpenkrieg" schleppten sich bis 1918 hin. Schließlich kapitulierte Österreich, das Habsburgerreich war am Ende und in Italien begann der Aufstieg Mussolinis.

General ist jeden Samstag mit einem Pferd und meinem Vater spazieren gegangen. Und er hat immer Violine gespielt. Er sagte zu meinem Vater: Wenn der Krieg vorbei ist, kommst du und heiratest meine Tochter. Du siehst, mein Vater hatte gewisse Freiheiten bei diesem General. Er war nicht eingesperrt wie andere Gefangene. Aber trotzdem wollte er dann mit drei Freunden fliehen, sie wollten abhauen und planten gemeinsam ihre Flucht.

Mein Vater hat die Flucht aus der Kriegsgefangenschaft für alle drei organisiert. Der eine Freund hieß Giuseppe Dawali und der andere war Giovanni... ich weiß seinen Nachnamen nicht mehr. Sie sind in der Nacht aus der deutschen Gefangenschaft geflohen und sind zum Piave gekommen, das ist ein großer Fluss. Auf einer Seite waren die Deutschen und auf der anderen Seite waren die Italiener. Die Deutschen haben Giovanni erschossen. Mein Vater ist mit Dawali in den Fluss gegangen und auf die andere Seite geschwommen. Es war dunkel und sie sind bis zum Morgen dort auf der italienischen Seite geblieben. Dawali wollte weitergehen, mein Vater wollte lieber noch warten. Die Italiener haben auf Dawali geschossen, aber mein Vater hat ihnen mit den Händen Signale gesendet, wie sie das bei der Armee gelernt hatten. Daraufhin sind die Italiener gekommen und haben ihn und Dawali mitgenommen. Mein Vater sollte eine Auszeichnung bekommen, weil er aus der deutschen Gefangenschaft geflohen war. Dazu ist er nach Rom gereist und dort hat er an einem Sonntag seine Tante im Kloster besucht. Die im Kloster dachten ja, er sei tot, sie haben für ihn gebetet und immerzu seinen Namen gesagt. Die Tante hat sich sehr gefreut, als er dort lebend auftauchte. Das alles hat mir mein Vater erzählt.

Die Armee hat ihm einen Monat Urlaub gegeben, damit er nach Griechenland fahren konnte, denn seine Mutter war krank. Mein Großvater hatte einen Freund, der war italienischer Chefdiplomat am Konsulat in Piräus, und der hat meinem Vater vier weitere Monate Urlaub gegeben, sodass er länger in Griechenland bleiben konnte. Erst als die fünf Monate vergangen waren, musste er zurück nach Italien zur

Mein Großvater Giacomo Dolcetti

Armee. Als er wieder an der Front war, ist sein Vater in Griechenland gestorben. In einer Nacht ist ihm sein Vater im Schlaf erschienen und hat gesagt: „Giacomo komm, ich gehe weg." Mein Vater ist aufgestanden und hat diesen Traum notiert, mit Datum. Als er von der Front nach Griechenland zurückgekehrt war, hat seine Mutter ihm gesagt, dass sein Vater in genau dieser Nacht gestorben ist.

1918, als der Krieg vorbei war, ging mein Vater wieder zur italienischen Armee, in die Abteilung von Gabriele D'Annuncio, das war ein italienischer Offizier. Mit dem Auto ist er dann nach Pula in Jugoslawien gefahren. Dort ist er bei seiner Schwester geblieben, die mit einem jugoslawischen Admiral verheiratet war. Später ging er nach Wien und hat dort mit Gabriele D'Annuncio eine Flaggenfirma gegründet, die erste italienische Flaggenfirma nach dem Krieg.

Als er aus Wien zurückkam, wollte die italienische Armee ihn nach Äthiopien schicken. Dort war Krieg. Aber mein Vater wollte nicht mehr Soldat sein, er wollte nicht da unten gegen die Äthiopier kämpfen. Deshalb ist er im Urlaub nach Griechenland gefahren und bei seiner

Mutter und seinen Schwestern geblieben. Von da an machte er die Arbeit, die zuvor sein Vater gemacht hatte, Schiffstransporte mit Eisen und Holz von Piräus nach Genua. Er hatte zwei große Segelschiffe, die brauchten für die Tour 18 bis 20 Tage.

Dann brauchten Fabriken in Italien Knochen zum Raffinieren von Zucker. Dazu verwendeten sie große Knochen von Kühen. Also organisierte mein Vater in Griechenland Kuhknochen und transportierte sie nach Italien. Und – stell dir vor – in Italien hat man in diesen Knochenlieferungen auch Menschenknochen gefunden! Damit war das Geschäft beendet. Warum machen die Leute so etwas, nehmen Knochen von Menschen, und dann will keiner mehr Knochen aus Griechenland haben.

Danach hat mein Vater Weintrauben von Kreta nach Kairo in Ägypten transportiert. Sein Geschäftspartner dort war Anhänger der Partei des Königs Konstantin I., ein reicher Mann, der viel Geld in Griechenland investiert hatte. Der wollte meinem Vater seine Tochter zur Frau geben. Aber mein Vater war für die andere Partei, die des Ministerpräsidenten Venizelos, und er hat diese Tochter nicht geheiratet.

Erstaunlich rührig, dieser Großvater! Schon als Kind war er auffallend lebhaft, galt als Raufbold und wurde Soldat in einem italienischen Sturmbataillon. Er wagte die Flucht aus deutscher Gefangenschaft, erhielt eine Auszeichnung, gründete ein Flaggengeschäft in Wien und weigerte sich dann, in Äthiopien nochmals in den Krieg zu ziehen. Er widmete sich lieber seinen Geschäften, führte von Piräus aus die väterliche Firma weiter und brachte Holz und Eisen, später Knochen nach Italien. Und als diese Knochen nicht mehr willkommen waren, wechselte er zum Export von Weintrauben nach Ägypten. Vätern, die ihm ihre Töchter zur Ehefrau geben wollten, erteilte er Absagen. Wie er dann schließlich zu seiner Frau, meiner Großmutter, kam, erzählte mir Takis in einem weiteren Gespräch.

50

Die Familie meiner Großmutter Marica Bardi

Takis: Ein jugoslawischer Freund und Kollege aus Piräus lud meinen Vater ein, um mit einer befreundeten Familie das Fest Kathara devtera zu feiern. Das ist ein großes Fest am Montag nach Ostern. Die Leute gehen aus, sie essen und trinken gemeinsam. Mein Vater kam mit nach Patissia, einem Ort in Athen. Sie nahmen ein Grammofon mit, damit sie Musik hatten zum Singen und Tanzen. Bei der Gelegenheit lernte er meine Mutter kennen.

Ihre Familie hieß Bardi. Sie hatten das erste große Geschäft in Athen, das Stoffe für Männer verkaufte, die sie aus Österreich und später aus England importierten. Von dieser Familie weiß ich Folgendes:

Bardi, der Vater meiner Mutter, kam als Vierzehnjähriger aus dem Dorf Kalamos in der Nähe von Athen. Sein Vater war Bauer. Aber er wollte, dass sein Sohn in Athen zur Schule ging, um Lesen und Schreiben zu lernen. Mein Großvater ist zu Fuß nach Oropos gegangen und hat dort gearbeitet, er hat Fisch transportiert. Ein alter Mann machte diese Transporte. Er besaß zwei Pferde und einen Esel. Jeden Nachmittag nahmen sie zwei, drei oder auch fünf Kisten mit Fischen und brachten sie zu Fuß in das in den Bergen liegende Menidi. Dort gab es eine kleine Fabrik, die Eisen und Glas herstellte. Ein Pferdewagen transportierte die Fische von dort ins Zentrum von Athen.

Der alte Mann sagte zu meinem Großvater: „Du bist jung: das ist keine Arbeit für dich. Ich habe einen Freund in Athen, der macht Anzüge für Männer, bei dem musst du in die Lehre gehen." Und mein Großvater ist hingegangen zu diesem Freund, der auch schon ein alter Mann und alleinstehend war, und hat das Schneidern gelernt und sehr viel Freude an dieser Arbeit gehabt. Dann hat er geheiratet und der alte Mann hat ihm sein Geschäft übergeben. Ein Jude kannte eine Fabrik in Wien, die besondere Stoffe herstellte, und brachte meinen Großvater dort hin. Er hat viel Stoff gekauft und nach Athen importiert. In Griechenland waren das die ersten zivilen Stoffe für Männerkleidung. Vorher musste man die direkt in England bestellen. Mein Großvater konnte nicht lesen, nicht schreiben – er war ja in keiner Schule gewesen. Aber nun wollte er es doch lernen. Dafür hat er sich eine Frau genommen, die es ihm nach der Arbeit zuhause beibrachte.

Jetzt aber zurück zu meinem Vater. Der ging also mit seinem Freund zu dieser Familie Bardi zum Feiern. Sie blieben lange, bis zum nächsten Nachmittag. Mein Vater besaß ein Auto, einen alten Plymouth. Sehr wenige Leute in Athen hatten damals Autos, er hatte zwei Schiffe und dieses Auto. Als er mit seinem Freund zurückfuhr, sprachen sie über die Tochter von Bardi, Marica, das Mädchen mit dem kaputten Fuß. Der Freund erzählte ihm, dass sie in der Schule einen Unfall hatte, zweimal in Wien operiert wurde und orthopädische Schuhe tragen musste. „Dieses Mädchen mache ich zu meiner Frau" sagte mein Vater, „mit der will ich eine Familie gründen". „Aber sie hat kaputte Füße", wandte sein Freund ein. „Egal, sie ist für mich. Wir werden eine Familie."

Mein Großvater Bardi, der inzwischen eine Fabrik für Stoffe besaß, hatte zwei Söhne, Costa und Efsimio, und diese eine Tochter, Marica. Mein Vater heiratete dieses Mädchen und er wurde Direktor von Bardis Fabrik, das war ein großer Betrieb. Sie bekamen drei Kinder, Pietro, Nikos und mich, Taki. Bis der Krieg anfing, sind wir drei Brüder in die französische Schule in Athen gegangen, ins Lycée Leone.

Aha, nun weiß ich auch etwas über meine Großmutter väterlicherseits. Ihr Vater war vom armen Bauernjungen zum Fabrikdirektor aufgestiegen, sie hatte einen kaputten Fuß, aber meinem Großvater machte das nichts aus. Er war sich sicher, dass seine Wahl die richtige war. Rührig und flexibel, wie er war, wechselte er vom Transportgeschäft zur Herstellung von Stoffen. Sie waren wohlhabende Leute, die ihre Kinder auf gute Schulen schicken konnten – also beste Voraussetzungen für ein angenehmes Leben. Aber dann kam der Zweite Weltkrieg.

Kapitel 5
Der Zweite Weltkrieg beginnt

Die Italiener besetzen Griechenland

Was Takis weiter erzählt hat: Als der Krieg anfing, hat die griechische Regierung alle in Griechenland lebenden Italiener in einer Kaserne in Athen interniert. Plötzlich waren sie Gefangene. Nur wenn sie ihre italienische Nationalität aufgaben, konnten sie aus diesem Lager freikommen. Aber mein Vater wollte seine Nationalität nicht aufgeben. Der Bruder meiner Mutter fand dann eine Lösung: Großvater Bardi würde seinem Schwiergersohn, meinem Vater, 1000 Meter Stoff zum Geschenk machen, Stoff für die griechische Armee. Auf diese Weise

Trotz des 1939 mit Hitler geschlossenen Bündnisses („Stahlpakt") trat Italien erst 1940 in den Krieg ein. Zwischen Oktober 1940 und Frühjahr 1941 fielen Mussolinis Streitkräfte in Griechenland ein, konnten es aber nur teilweise besetzen, da sie auf starken Widerstand stießen. Angesichts des erwarteten Einrückens der Deutschen zur Unterstützung der Italiener schickten die Briten Truppen und Versorgungsgüter, zogen sich dann aber wieder zurück. Im April 1941 rückten die Deutschen zur Unterstützung der Italiener in Griechenland ein, das daraufhin rasch kapitulierte. Am 3. Mai 1941 fand in Athen die deutsch-italienische Siegesparade statt. Deutschland hielt das Land besetzt, der überwiegende Teil Griechenlands kam unter italienische Verwaltung. In den Folgejahren leisteten die Griechen heftigen, erfolgreichen Widerstand im eigenen Land und kämpften auf Seite der Alliierten.

konnte er seine Entlassung erreichen und trotzdem Italiener bleiben. Vor dem Krieg gab es viele große italienische Veranstaltungen in Griechenland, zu diesen Kundgebungen gingen die Faschisten, aber mein Vater nahm nie daran teil. Mit seinen drei Söhnen ging er lieber zur Jagd oder zum Fischen, denn mit dem Faschismus wollte er nichts zu tun haben.

Obwohl man ihn oft bedrängt hatte, trat Giacomo nicht in diese Partei der Faschisten ein. Als er aus dem Internierungslager freikam, war der Krieg schon beendet. Die Italiener hatten Athen eingenommen und bald holte die italienische Militärpolizei meinen Vater ab und nahm ihn mit. Warum? Weil er der griechischen Armee diese Stoffe geschenkt hatte, als Italien mit Griechenland im Krieg war. Er kam vor ein Militärgericht und wurde zweimal zum Tod verurteilt. Ihm wurde vorgeworfen, als früherer italienischer Offizier dem Feind geholfen zu zu haben, deshalb sollte er erschossen werden. Er wurde in ein Gefängnis in Larissa gebracht, eine Stadt in Zentralgriechenland. In diesem Gefängnis wurden Leute hingerichtet.

Zu dieser Zeit kamen die griechischen Soldaten zu Fuß von der Front zurück. Die Italiener fingen sie ein und internierten sie im Gefängnis von Larissa. Dort übersetzte mein Vater für die griechischen Gefangenen die Briefe, die sie von der italienischen Militärverwaltung bekamen. Ein gefangener Grieche fragte Giacomo: „Herr Dolcetti, hast du einen Sohn, der Nikos Dolcetti heißt?" „Ja", sagte mein Vater, „Wieso, kennst du ihn?" Folgendes stellte sich heraus: Vor dem Krieg hatte die Familie eine Haushaltshilfe, die Maria hieß und aus Kreta stammte. Im Sommer 1939 bat sie meine Mutter um einen Monat Urlaub, um ihre Familie in Kreta zu besuchen. Sie wollte meinen Bruder Nikos mitnehmen. Meine Mutter willigte ein, Nikos fuhr mit Maria nach Kreta und wurde dort Taufpate eines Kindes. Der Grieche im Gefängnis von Larissa war der Vater dieses Kindes, dem Nikos seinen Namen gegeben hatte. Dadurch gehörten er und mein Vater sozusagen zur gleichen Familie.

Pietro, Nikos und Takis mit ihrem Vater Giacomo

Gleichzeitig erfuhr mein Vater von Italienern im Gefängnis, dass das italienische Oberkommando in Athen gewechselt hatte. General Geloso war durch General Andreni abgelöst worden. Andreni war im Ersten Weltkrieg Hauptmann meines Vaters gewesen. Er war in der Armee geblieben und inzwischen zum General aufgestiegen. Als der Mann aus Kreta mit drei weiteren gefangenen Griechen seine Flucht aus dem Gefängnis plante, schrieb mein Vater einen Brief an seine Frau Marica, den der Mann aus Kreta ihr überbringen sollte. Den vier Gefangenen gelang tatsächlich die Flucht in der Nacht. Zu Fuß gelangten sie nach Athen und der Mann kam mit dem Brief ins Haus meiner Eltern. Der Brief, den er meiner Mutter brachte, war an General Andreni adressiert. Der Bruder meiner Mutter brachte ihn in die italienische Kommandantur, Andreni las ihn und veranlasste sogleich die Freilassung meines Vaters. Es gab einen neuen Militärprozess und am Ende konnte er als freier Mann das Gericht verlassen.

Offenbar hat mein Großvater immer Glück gehabt. Im Ersten Weltkrieg war ihm die Flucht aus österreichischer Gefangenschaft gelungen, er hatte die richtige Frau gefunden und in eine reiche Familie eingeheiratet. Im Zweiten Weltkrieg konnte er durch Bestechung aus der Internierungshaft der Griechen freikommen und er konnte dann, von den Italienern zum Tod verurteilt, alte und neue Beziehungen mobilisieren, sodass er schließlich freigelassen und rehabilitiert wurde. Ich fragte Takis danach, wie es ihm selbst und seinen Brüdern während des Krieges ergangen ist, und er berichtete Folgendes:

Pietro, Nikos und Takis beim italienischen Militär

Als mein Vater noch im Gefängnis war, kam eines Tages die italienische Militärpolizei und erklärte, dass alle männlichen Italiener, die in Griechenland lebten, zum Militär eingezogen werden. Das galt für Pietro und Nikos, ich ging noch zur Schule. Nikos kam in eine Militärabteilung für Automechanik in Athen. Durch einen Freund meines

Vaters, Professor Nikos Christeas, kam Pietro in ein Kinderkrankenhaus, denn er hatte das Lyzeum abgeschlossen und das Abitur gemacht und wollte Arzt werden. Sein Kommandant sagte zu ihm: Du musst Offizier werden, du gehst nach Italien auf eine Offiziersschule. Als die Papiere fertig waren, wollte mein Vater, dass auch ich nach Italien gehe, um dort die Schule abzuschließen.

Der Zug war ein Militärzug, die Jungen hatten so eine Art Kinderuniformen an, ich auch. So bin ich mit meinem Bruder nach Italien gefahren. Auf der Fahrt durch Jugoslawien wurden wir manchmal von Partisanen beschossen und oft musste der Zug in einem Tunnel halten. Aber alles ging gut, wir sind schließlich in Venedig angekommen. Pietro ging zu der Militärabteilung, die in seinen Papieren verzeichnet war, zur Offiziersschule in Mestre. Und ich ging in das Haus von Antonio Dolcetti, das war der Bruder meines Großvaters, der damals in Italien geblieben war, und besuchte von da an die italienische Schule Marco de Scarini.

Als Pietro die Offiziersausbildung beendet hatte, wurde er in eine Flak-Abteilung der Artillerie versetzt, die die zentralen Arsenale von Venedig vor Flugzeugangriffen schützte. Diese Arsenale für die Kriegsschiffe lagen draußen vor der Stadt bei den Inseln Fioza, Palestriga und Cabalino. Fioza und Palestriga waren Fischerinseln, auf Cabalino war die italienische Flugabwehr zum Schutz der Schiffsarsenale. Dort war Pietro bis 1943 stationiert.

1943 schloss der König Viktor Emanuel III. den Waffenstillstand mit den Alliierten, er wollte jetzt aufseiten der Amerikaner gegen die Deutschen kämpfen. Mussolini aber wollte auf der Seite der Deutschen bleiben. Der italienische Marschall Badoglio, der Regierungschef, stand zum König, General Graziani dagegen blieb auf der Seite Mussolinis. Die amerikanische Invasion in Sizilien hatte begonnen. Der König ließ Mussolini inhaftieren und schickte ihn auf die Insel Elba. Das italienische Gouvernement auf Elba hatte aber Angst, dass die Amerikaner Mussolini dort wegholen würden, und sie transportierten ihn nach Mailand in ein Gefängnis, ein umfunktioniertes Hotel. Oben in den Bergen, wo die Leute Ski fahren, bewachten 40 Carabinieri Mussolini. Aber ungefähr nach einer Woche kamen nachts deutsche Fallschirmjäger, nahmen alle Italiener gefangen, befreiten Mussolini und brachten ihn nach München. Dort traf Mussolini Hitler, danach kehrte er nach Italien zurück, beschützt vom deutschen Militär, und erklärte, dass alle Männer zwischen 16 und 56 Jahren zur Armee müssten. Alle wurden sofort eingezogen und auch ich war auf einmal in der Armee.

Am 8. September 1943 schlossen der italienische König und Regierungschef Badoglio Waffenstillstand mit den Alliierten und verließen Rom in Richtung Süden. Italien trat aus dem Krieg aus und kündigte somit auch das Bündnis mit dem Deutschen Reich, der „Achse Berlin-Rom". Aus Verbündeten waren von einem Tag auf den anderen Feinde geworden. Sofort nahm die deutsche Wehrmacht alle italienischen Militärangehörigen fest, deren sie habhaft werden konnte. In Norditalien und den von Italien besetzten Gebieten in Griechenland, auf dem Balkan, in Frankreich und an der Ostfront wurden 800 000 Gefangene entwaffnet und in provisorischen Sammellagern interniert, dabei kamen etwa 25 000 italienische Militärangehörige ums Leben.
Die Kriegsgefangenen vermuteten, sie würden nun nach Italien zurücktransportiert, doch die Deutschen hatten andere Pläne. Sie deportierten sie auf deutsches Reichsgebiet und ins Generalgouvernement, um sie in der Rüstungsindustrie, im Berg- und Straßenbau als Zwangsarbeiter einzusetzen.

Das war eine schlechte Zeit. Wir drei Brüder sind ja früher mit meinem Vater zur Jagd gegangen und konnten mit dem Gewehr umgehen, aber jetzt wurden die jungen Leute bei der Armee nur eine Woche ausgebildet und dann gleich nach Monte Casino an die Front gebracht. Dort, wo der Apennin beginnt, waren die schlimmsten Kämpfe im Gange, dort wollten die Deutschen die Amerikaner und ihre Verbündeten aufhalten. Und all diese Jungen mittendrin. Die Deutschen wollten sich nicht zurückdrängen lassen, wollten die Monte-Casino-Linie halten. So viele sind dort umgekommen!

Ich war in der Zeit in Venedig. In der Lagune hatten die Italiener zwei große Schiffe, Conte Verde und Conte Rosso, und fünf, sechs U-Boote und etwa zehn schnelle Turbinenboote. Und ein großes Touristenschiff lag auch dort, das wurde als Lazarett genutzt. Auf dieses Schiff brachten die Deutschen die Verwundeten aus Afrika, es war wie ein Krankenhaus.

An einem Mittag ist ein deutsches Flugzeug gekommen und hat Flugblätter auf Venedig abgeworfen. Darauf stand: Das Militär-Schiffs-Arsenal muss in deutscher Hand bleiben. Nicht weggehen, sondern verteidigen. Wenn das nicht passiert, bombardieren wir Venedig. Trotzdem sind in derselben Nacht alle italienischen Schiffe in der Adria zu den Amerikanern gewechselt. Alle waren weg. Es gab keine Bombardierung von Venedig, auch nach einer Woche nicht.

Gefangennahme der italienischen Soldaten durch die Deutschen

Takis erzählt weiter: Dann sind drei Soldaten mit einem deutschen Offizier gekommen, der mit unserem Admiral, dem Chef vom Schiffs-Arsenal, gesprochen hat. Er sagte, dass wir uns alle ergeben müssten. Die komplette Arsenal-Kompanie hatte am Abend abmarschbereit zu sein. Mitnehmen sollten wir Essen für sieben Tage, Gewehr, Decke, komplette Ausrüstung und die persönlichen Sachen. Wir sind mit einem kleinen italienischen Schiff, wie sie in Venedig verkehren, bis zur Piazza di Roma gefahren, das ist nicht weit vom Bahnhof. Dort erwarteten uns fünf, sechs deutsche Militärautos und Wachsoldaten mit Gewehren. Auf dem Platz mussten wir alle unsere Gewehre, alle Waffen und Munition abgeben.

Am Bahnhof wurden dann jeweils siebzig Soldaten in einen Waggon gepfercht und die Tür verschlossen. Auch ich war darunter, ein sehr junger Soldat. In diesem Waggon mussten wir eine Woche lang bleiben. Sieben Tage ohne Trinken, ohne Essen, wir hatten nur etwas getrocknetes Fleisch und ein bisschen Weißbrot. Gemeinsam haben wir ein Loch für die Toilette in den Waggonboden gemacht. Sieben Tage im Waggon – halten auf Bahnhöfen, weiterfahren, wieder halten, weiterfahren – wir konnten nicht nach draußen sehen, wir wussten nicht, wo wir sind, wo wir hinfahren. Dann hielt der Zug am Bahnhof Brenner an der Grenze zu Österreich.

Am Brenner, weit von einer Stadt entfernt, war ein hügeliges Gelände von einem Metallzaun umgeben. Dort wurden wir eingesperrt. Von oben kontrollierten Soldaten mit Maschinengewehren von hölzernen Wachtürmen aus, dass keiner von uns flieht. In diesem Lager waren wir ungefähr 1500 bis 2000 Leute. Die meisten kamen von weit her, nicht aus Venedig, sondern aus anderen Städten. Dort musten wir ungefähr eine Woche bleiben. Erst nach zwei oder drei Tagen erhielten wir von den Deutschen etwas zum Essen und Wasser zum Trinken in unseren Henkelmann, ein militärisches Kochgeschirr aus Aluminium. Ich fing an herumzufragen: „Von wo bist du? Kommst du aus Mestre? Bist du von Cabalino? Ich suche meinen Bruder Pietro, er war in Cabalino." Ein Soldat sagte mir, es gebe hier Leute aus Cabalino, und ich suchte weiter. Es war nicht leicht, aber nach drei Tagen hatte ich meinen Bruder gefunden. Das war sehr gut, dass wir zwei Brüder wieder zusammen waren! Alles war gut.

Jeden Tag wurde im Lager eine Gruppe zusammengestellt und mit der Bahn nach Deutschland transportiert. Nach ungefähr einer Woche war ich an der Reihe und wurde mit einer Gruppe von vierzig Männern bis kurz vor Linz in eine Eisenfabrik transportiert. Hier wurden Autoteile aus Metall gepresst und wir wurden zum Transportieren dieser Eisenteile eingesetzt. Ohne Schutzanzug, verstehst du. Das war eine sehr schwere Arbeit.

Eines Tages wurde die Fabrik bombardiert, wir sind nach draußen gerannt und wurden zum Schutz zu einem Berg gebracht, in dem sich ein alter Tunnel befand, in dem früher wohl Wein gelagert wurde. Nach fünf bis sechs Tagen kamen neue gefangene Soldaten in die Fabrik. In einer Nacht wurde ich mit ungefähr zwanzig Personen in einem Zug von der Fabrik weggebracht. Wohin? Niemand wusste, wohin. An einer Bahnstation lasen wir den Namen der Stadt: Brüx. Wir mussten aussteigen und ein LKW Opel Blitz brachte uns in der Nacht ungefähr 30 Kilometer weiter in ein Lager mit italienischen Kriegsgefangenen.

Dort bekamen wir eine Decke und eine Metallschüssel zum Waschen, sonst nichts. In einer Holzbaracke wurden wir untergebracht, unsere Baracke hatte die Nummer 24, darinnen gab es 24 Stockbetten, also immer ein Bett über dem anderen, darauf lag eine Strohmatratze. Sonst nichts.

Seit dem Konzentrationslager am Brenner trugen wir auf unserer Jacke und dem Mantel ein großes „G". Mit einem Pinsel und roter Farbe war dort bei jedem ein großes „G" auf Jacken und Mäntel gemalt worden. Wieso? Weil alle Leute sehen sollten, dass du ein Gefangener bist. Diese Kleidung mit dem G mussten wir immer tragen.

Kapitel 6
Aus Kriegsgefangenen werden Militärinternierte

Zwangsarbeit in den Hermann Göring Werken Ullersdorf

Takis: Ullersdorf hieß das neue Lager. Nicht weit entfernt war ein anderes Lager, dort waren Russen eingesperrt. Und es gab noch ein weiteres Lager mit Engländern, Holländern und Franzosen. Jeden Monat bekamen die Engländer, Holländer und Franzosen in ihrem Lager ein Paket von sechs Kilo vom Internationalen Roten Kreuz. In diesen Paketen war Fleisch, Strümpfe, Schokolade, Zigaretten und eine Karte, um nach Hause zu schreiben. Wir Italiener und die russischen Gefangenen bekamen nichts. Die russische Armee bildete eine starke, immer näher rückende Front. Und die Italiener waren 1943 zu den Engländern und Amerikanern übergelaufen. Für die Deutschen waren wir Fahnenflüchtige, verstehst du. Deshalb keine Pakete, kein Kontakt, nichts.

Am Tag nach der Ankunft wurden wir, eine Kolonne von 40 Personen, bewacht von zwei Soldaten und zwei alten Werkschutzmännern mit vier Hunden, zur Arbeit geführt. Mit Schaufeln sollten wir eine Straße säubern.

Es gab dort einen sehr großen Industriebetrieb mit Namen Göringwerke Ullersdorf. Dieses Werk war mehrere Quadratkilometer groß, wie eine große Stadt. Im Tagebau wurde Kohle gefördert. Aus dieser Kohle wurde Benzin hergestellt, Ersatzbenzin, und vieles andere. Wir vermuteten, dass sie daraus auch Margarine zum Essen produziert haben. Eine große Produktionsstätte, wir sahen riesige Berge von Kohle. Diese Kohle war in winzige Stücke zerkleinert.

Als wir an einem Nachmittag von der Arbeit ins Lager zurückkamen, hörten wir, wie zwei Werkschutz-Soldaten einen Namen riefen, einen italienischen Namen. Mit dem Gerufenen zusammen gingen sie zum Kommandanten. Dieser Mann kam nicht mehr zurück, nicht an diesem Tag, nicht an den nächsten Tagen, nicht in der nächsten Woche. Er kam nie wieder zurück ins Lager, der war weg. Das wiederholte sich viele Male. Wir wussten nicht, wo diese Leute hingebracht wurden und was mit ihnen passiert ist.

Wenige Tage nachdem die italienische Regierung den Waffenstillstand mit den Alliierten geschlossen hatte und nach Süditalien geflüchtet war, wurde der bei Mailand gefangen gehaltene Mussolini von den Deutschen befreit. Mit ihrer Unterstützung gründete er die faschistische Repubblica Sociale Italiana (RSI), einen norditalienischen Satellitenstaat, für den er Streitkräfte aufstellen wollte, die weiter aufseiten Hitlers kämpfen sollten.

Viele der italienischen Soldaten wurden nach ihrer Gefangennahme gefragt, ob sie für Mussolini an der Seite der Deutschen kämpfen bzw. die deutsche Wehrmacht unterstützen wollten. Etwa 190 000 entschieden sich für die Kollaboration, die große Mehrheit verweigerte sie. Sie mussten in den Lagern verbleiben und bis Kriegsende Zwangsarbeit verrichten.

Takis: Als wir einmal bei der Arbeit auf einer Straße waren, ungefähr 20 Personen, ich war mit 17 Jahren der Jüngste, bewacht von zwei alten Soldaten mit zwei Hunden, hielt ein Mercedes an. Neben dem Fahrer saß ein Offizier. Er stieg aus, er war jung, etwa in meinem Alter, und zirka zwei Meter groß. Ein schöner Junge, noch ohne Bart. Er kam auf mich zu und gab mir, während die Wachsoldaten stramm standen, ein Care-Paket. „Ein Paket mit Essen", sagte er zu mir. Die Soldaten standen immer noch stramm.

Ich kann nur ein bisschen Deutsch, aber ich verstand, was er sagte. „Du musst das essen", wiederholte er. „Mach jetzt das Paket auf und iss." Ich machte das Paket auf und fing an zu essen. Die Leute schauten mir zu, während ich aß. Mir war schlecht, kein Wunder, wenn man isst und die anderen, die auch hungrig sind, müssen zuschauen. „Ja, so ist es gut", sagte er zu mir, dann gab er mir eine Kopfnuss und ging weg. Wir arbeiteten weiter.

Am nächsten Tag, am selben Ort, hat derselbe Offizier wieder angehalten und gab mir ein größeres Paket, in Papier eingewickelt. Das sollte ich im Lager essen. Sofort kamen die Wachhunde und schnüffelten an dem Paket. Ich steckte es in meine Jacke. Am Abend, zurück im Lager, teilte ich dieses Paket in 24 Teile, jeder erhielt sein kleines Stück.

Einige Tage später kam ein Werkschutzmann und sagte, er brauche Leute zur Arbeit im Werk. Durch ein großes Tor betraten wir das Werk. Die Kontrolle war streng, unsere Nummern wurden notiert. Wir waren ja namenlos, nur noch Nummern. Danach wurden wir verschiedenen Abteilungen zur Arbeit zugeteilt.

Ein älterer Mann führte mich in ein Gebäude mit drei großen Räumen, es war ein Laboratorium. Eine Wand bestand aus ganz vielen Rohrsystemen, ein großes Labor war das. In einem Raum war eine Glasbläserei. Ich musste dort saubermachen, kaputtes Glas entfernen und Werkzeuge zum Reparieren in diese Abteilung schleppen. Zum Arbeitsende ging ich wieder zu meiner Kolonne, wir verließen dann gemeinsam das Werk und kehrten ins Lager zurück. So ging das jeden Tag.

An einem Nachmittag, als ich ins Lager zurückgekehrt war, kamen zwei Soldaten mit ihrem Hund und ich hörte sie rufen: „Pietro Dolcetti, mitkommen!" Bis zu diesem Zeitpunkt waren mein Bruder und ich, seit ich ihn im Konzentrationslager am Brenner gefunden hatte, hier im Lager zusammen gewesen. Jetzt war Pietro plötzlich weg, das war für mich ein tiefer Schmerz, alles war jetzt noch schlimmer für mich. Nichts war mehr gut, seit Pietro weg war. Ich kann das nicht vergessen.

Nach der Gefangennahme im September 1943 wurden cirka 650 000 italienische Militärangehörige in provisorische Sammellager und dann in Stammlager (StaLag) im Deutschen Reich und in den von den Deutschen besetzten Gebieten deportiert. Noch im September 1943 wurden sie durch einen Führerbefehl von Kriegsgefangenen zu „Italienischen Militärinternierten" (IMI) degradiert. Nach Ausrufung von Mussolinis Repubblica Sociale waren sie aus deutscher Sicht keine Kriegsgefangenen mehr, sondern gefangene Angehörige eines verbündeten Staates. Damit entfiel für sie der Schutz der Genfer Konvention, nach der Kriegsgefangene nicht zur Zwangsarbeit herangezogen werden dürfen. Auch Kontrollen und Hilfslieferungen durch das Rote Kreuz entfielen. Mit diesen Italienern verfügte Deutschland nun über ein gigantisches Potenzial an Arbeitskräften für die Rüstungs- und Schwerindustrie, die Bauwirtschaft und den Bergbau. Die italienischen Offiziere wurden getrennt von den Soldaten in Offizierslagern (OfLag) untergebracht und bis Anfang 1945 nicht zur Zwangsarbeit herangezogen. Auch sie litten an Hunger, prekärer Unterbringung und der schlechten Behandlung durch die Bewacher.

Etwa 50 000 Italiener sind in Gefangenschaft ums Leben gekommen, die Hälfte davon bei der Gefangennahme und dem Transport, die andere Hälfte in den Lagern aufgrund von Hunger, Misshandlungen und schweren Arbeitsbedingungen. 10.000 gelten als vermisst.

Takis: Das Leben im Lager führte ja dazu, dass wir keine Gefühle mehr hatten, kein Herz. Es gab nur die Gegenwart, wir konnten nicht wissen, was in einer Stunde sein würde. Du weißt nichts, du bist nicht mehr als ein Hund. Du spürst den Schmerz gar nicht, du hast keine Gefühle, keine Empfindung!

Das Leben im Lager Ullersdorf

Takis: Fast zwei Jahre mussten wir in diesem Lager bleiben. In diesen zwei Jahren bestanden unsere Mahlzeiten am Mittag und am Abend aus einer Kelle Kartoffeln und roten Zuckerrüben. Das Essen, das wir erhielten, bekommen sonst Schweine und Kühe zum Fressen. Zwei Jahre lang dieses Essen, dazu ein Stück Brot, das war aber nicht im Ofen gebacken, sondern bestand aus einem Material, das ich nicht kannte, und es wurde gekocht. Das war unser Brot.

Viele Männer sind bei der Arbeit oder im Lager zu Tode gekommen. Kaputt gemacht von Arbeit und Hunger, viele Leute.

Jetzt fällt mir noch etwas ein. Das war, bevor Pietro von mir getrennt wurde und das Lager verlassen hatte: die Bombardierung von Dresden.

Wir wurden im Lager in einen Opel-Blitz verfrachtet und nach Dresden gebracht, 30 bis 40 Personen, jeder mit einer Decke ausgestattet. In der Stadt sahen wir überall viele tote Menschen liegen, es stank fürchterlich. In Dresden waren wir für eine Woche der Armee unterstellt und erhielten von deutschen Soldaten etwas zum Essen. Unsere Arbeit war das Bergen von Leichen und die Bombenentschärfung. Dabei sind viele von uns getötet worden. Nachdem die Leichen geborgen und zu einem Platz gebracht worden waren, wurden große Gruben für sie ausgehoben. Die erste Leichenschicht wurde hineingeworfen und mit Chlor bedeckt. Den schaufelten wir von einem Auto aus in die Grube. Dann kam eine weitere Leichenschicht darüber, auch die wurde mit Chlor bedeckt. Das wurde einige Male wiederholt. Bei dieser Arbeit waren der Leichengeruch und der Chlorgeruch für uns fast unerträglich.

Obwohl wir einen Gesichtsschutz hatten, der mit Wasser gefüllt war, ging es uns sehr schlecht, denn der Gestank wurde durch die Maske nur ein wenig neutralisiert. Nach ungefähr einer Woche wurden wir alle zusammen von Dresden wieder ins Lager zurückgebracht.

Als wir zurück im Lager waren, ist das mit Pietro passiert. Pietro hat dann in der Stadt Teplitz gearbeitet. Für mich war es ein großes Problem, dass er weg war.

Takis erinnerte sich sehr gut an die schlimme Zeit im Lager der Göring-Werke Ullersdorf und berichtete weitere Einzelheiten, um seine wiederholte Bemerkung „Wir lebten im Lager wie Hunde" zu illustrieren.

Ich hatte einen Freund in derselben Baracke, Dino Biscotti aus Mailand. Etwa zwei Wochen nach dem Einsatz in Dresden bemerkten wir, dass der völlig den Kopf verloren hatte, dass er verrückt geworden war. Jede Nacht sprach er in seinem Bett unaufhörlich laut vor sich hin, er sprach wie Einstein, nur Zahlen, mathematische Formeln, die keiner verstand. Hunger und Schwerarbeit hatten ihn so weit gebracht.

Ein anderer Mann in unserer Baracke, Giuseppe Maetra, konnte sehr gut singen, vor allem Opern. Ein Pope, der auch unter den Gefangenen war, erreichte, dass der Lagerführer zehn Männern erlaubte, am Ostersonntag in die Kirche zu gehen. Zusammen mit zwei Wachsoldaten trafen sie dort ein. Giuseppe Maetra sang das Ave Maria und alle weinten. Die Soldaten weinten, die deutschen Frauen und Männer, alle. Und im Lager bekamen sie eine doppelte Essensration, weil Ostern war.

Ich arbeitete im Labor. In den Mittagspausen ging ich manchmal zur Werkbank der Glasbläser, die ich bei der Arbeit beobachtet hatte, und probierte selbst die Glasherstellung aus. Eines Tages trat draußen ein alter Mann ans Fenster und fragte mich über meine Tätigkeit aus. Obwohl er wusste, dass ich ein schwer bewachter Kriegsgefangener war, überredete er mich dazu, ihm eine Glasröhre anzufertigen, die brauche er für einen Destillationsapparat. Er wollte Schnaps brennen mit diesem Gerät und versprach, mir als Gegenleistung etwas zu essen zu bringen. Das war sehr riskant, denn solche Kontakte waren nicht erlaubt, bei

Verstößen gab es Schläge und Fußtritte. Aber Essen war die Hauptsache, also habe ich während der Mittagszeit aus Glasröhren ein solches Gerät hergestellt und im Glas-Magazin versteckt. Der Mann, Vorarbeiter in einer anderen Abteilung, hat das Gerät mitgenommen und tatsächlich Lebensmittel gebracht: ein richtiges Brot, von oben aus dem Dorf, dazu ungefähr ein Kilo Wurst und Margarine. Das konnte ich nicht alles auf einmal aus dem Werk ins Lager schmuggeln, denn wir wurden streng kontrolliert. Ich musste es im Magazin verstecken und jeden Abend habe ich nur einen kleinen Teil davon mit hinausgenommen.

Der Krieg kam näher, die Bombardierungen nahmen zu, auch davon konnte Takis erzählen:

Wenn die Bomber kamen, wurde mehrmals Voralarm gegeben, aber die Leute hatten keine Angst. Wir hörten die Flugzeuge von weit her kommen und vorbeifliegen. Viele, viele waren es, wuuuhuu. Wo die Bombenflugzeuge hinflogen, wusste niemand, wir konnten nichts sehen. Tagsüber, wenn sich Bomber näherten, wurde das Werk eingenebelt, die Luft war dann ganz schwarz. Wir konnten die Flugzeuge nur hören, diesen tiefen Brummton. Wuuuuhuuu klang das immer. Nach einer halben Stunde Vorbeiflug wurde der Voralarm beendet und es war vorbei. Wenn neue Bomberverbände von weither im Anflug waren, hörten wir die Werkschutzleute untereinander sagen: Schwacher Kampfverband Richtung München, Richtung Dresden. Das hatten sie im Radio gehört. Ich verstand die deutsche Sprache ganz gut.

Einmal gab es mehrmals Voralarm – und dann gab es Alarm! Warum Alarm? Das hatte es im Göring-Werk noch nie gegeben. Wir hörten den tiefen Brummton der Flugzeugbomber. Wuuuuhuuu. Alle sagten, wir müssen nach unten in die Bunker. Das waren Erdbunker, so einhundert Meter lange Gänge, im Zickzack ausgehoben, mit Erde abgedeckt und ohne Licht. So ging es nun immer öfter, Voralarm, Alarm und dann in die Erdbunker. Im Bunker konntest du das Bumbumbumbumbumbum hören, es wurde immer schneller, kam auf uns zu und ging an uns vorbei. Oft war das Bombardement nicht sehr stark, die Erde über dem

Bunker hat standgehalten, es waren meist kleine Bomben. Aber zwei oder drei Mal trafen die Bomben das Werk und viele Leute sind umgekommen. Als das passierte, waren wir wieder im Bunker, dieses Mal detonierten viele Bomben nicht weit von uns entfernt.

Ich war mit jungen Deutschen im Bunker und die sangen Holadriho holadriho.... Ich habe nicht gesungen, ich hatte Angst. Auf einmal merkten sie, dass ich nicht mitsinge, und dann sahen sie auch meine italienische Kriegsgefangenenuniform. Mit Faustschlägen fielen sie über mich her, sie schrien: „Du gehst hier weg, du gehst hier raus!" und schmissen mich aus dem Bunker. Ich bin ungefähr 20 Meter weit im Zickzack weggelaufen. In der Nähe explodierten viele Bomben. Überall wurde die Erde aufgewühlt, auch die Erdbunker wurden getroffen. Auf einmal kommt „unsere" Bombe und dann – wuh! Alle schnell rein. Viele Leute weinten, wa wu wa wumm. Nach einer Stunde war die Bombardierung zu Ende, wir krochen aus der Erde. Wo Bombeneinschläge den Bunker getroffen hatten, waren viele Leute tot. An dem Ort, wo ich zuerst mit den jungen Deutschen war, die mich verjagt hatten, war eine Bombe eingeschlagen, da waren alle tot.

Wir haben viele Bomben gesehen, die nicht explodiert sind. Und wir haben Brandbomben gesehen, die haben die Kohlehalden zum Brennen gebracht, überall war Feuer. Wir sind in ein Labor gegangen. Unter unserer Glasbläserei war ein Keller, der war nicht von den Bomben zerstört worden wie andere Gebäude. In dem Keller haben wir ungefähr 18 oder 20 Leichen gefunden, die total verbrannt waren. Die Körper waren nur einen Meter klein. Dort war viel Benzin und Gas gelagert gewesen und alles war verbrannt. Wir haben mit den Deutschen zusammen die verbrannten Leichen aufgesammelt, die waren wie Kohle. Wenn uns eine Leiche aus den Händen fiel, brach sie ganz auseinander, wie lauter Kohlestücke. Wir gingen weiterhin jeden Tag ins Werk, im gesamten Werk und im Laboratorium war viel kaputt. Überall wurden wir zum Aufräumen und Reparieren hingeschickt und zur Eile angetrieben, damit die Produktion wieder anlaufen konnte. Es gab viel Arbeit für uns.

Manchmal sind wir bei einem Bombenangriff in die Berge gelaufen. Einmal wurden statt Bomben Flugblätter über dem Wald abgeworfen, wo gefällte Bäume gelagert wurden. Wir duckten uns unter das Holz, weil viele Metallsplitter von der Flak angeflogen kamen, steil von oben kamen die, wie ein Regen aus Metall. Krach bumm, die machten die Bäume kaputt. Auf einmal regnete es wieder Luftpost, Flugblätter in fünf, sechs Sprachen. Es war eine Aufforderung zur Sabotage. Und auf einmal kam etwas vom Himmel gefallen mit großem Krawall - Baaam! Aber es gab keine Explosion.

Wir sind aus unseren Schutzlöchern unter den Bäumen rausgekrochen und sahen so etwa 80 Zentimeter große Pakete. In den aufgeplatzten Stoffpaketen waren Zigaretten, Camel Zigaretten. Andere Pakete enthielten Schokolade, Schokolade, Schokolade! Zuerst hatten alle Angst, davon zu probieren. Mal sehen, wer probiert die Schokolade? Ist der dann tot? Nein. Also dann bringt uns die Schokolade nicht um. Wir aßen die Schokolade. Andere machten die Zigarettenschachteln auf – explodieren die vielleicht? Wir sahen, dass es keine Explosion gab, und die Leute rauchten die Zigaretten.

Ein anderes Mal wurden Lebensmittelkarten und falsche Reichsmark von Flugzeugen abgeworfen. Wir haben diese Karten genommen, aber was konnten wir damit machen? Wir konnten damit nicht einfach in ein Geschäft gehen. Ganz schnell ist dann die Polizei auf Pferden nach oben in die Berge gekommen. Mit vorgehaltener Pistole kontrollierte sie alle, die vom Berg nach unten wollten. Zum Glück hatte ich keine Karten bei mir, ich hatte alle Lebensmittelkarten weggeworfen. Aber viele Reichsmark-Scheine hatte ich behalten, die hatte ich mir mit viel Angst unten in die Schuhe gesteckt (Takis lacht). Wir haben gesehen, dass auch Deutsche in die Berge gekommen sind und viele Lebensmittelkarten eingesammelt haben, um damit Butter, Margarine, Pasta und viele andere Sachen zu kaufen. Aber die Polizisten kontrollierten auch alle deutschen Leute. Mark, viele Mark, die Berge waren vooooll mit deutscher Papiermark. Das war alles gedacht als Unterstützung für Sabotage im Kampf gegen die deutsche Regierung, das sollte zu ihrem Untergang beitragen.

Manchmal mussten wir auch an einer Bahnstrecke in der Nähe der Göring-Werke arbeiten. Oft hörten wir, dass in den Bahnwaggons gesprochen wurde. Wir haben gedacht, dass das Soldaten sind, die in den Krieg transportiert werden. Aber es waren Juden in den Waggons. Jedes Mal, wenn wir dort arbeiteten, kam so ein Zug, wir hörten Stimmen, konnten aber nichts verstehen, wir wussten nicht, was da passiert. Die Leute im Dorf sagten uns, dass hier in der Nähe so ein kleines Krematorium ist. Da haben sie die Juden wohl hingebracht. Wir konnten uns damals keinen Reim darauf machen.

Befreiung aus dem Lager: Traudel und Pietro

Takis berichtet weiter: Als wir an einem Nachmittag ins Lager zurückkamen, wurde mein Name gerufen: „Dolcetti, in die Kommandantur kommen!" Zwei Werkschutzleute mit Hund instruierten mich: „Beim Lagerführer nennst du zuerst deinen Namen, du musst den Arm zum Hitlergruß ausstrecken und Heil Hitler sagen." Immer wenn jemand so mit Namen gerufen wurde, musste man sich von den Freunden verabschieden. Nie kam einer zurück. Ich habe alle meine Freunde geküsst, Dino Biscotti und auch den Popen. Der Pope Giuseppe Gaita hat meinen Kopf auf sein Buch gelegt und gesagt: „Alles wird gut." So habe ich mich verabschiedet und wurde vom Werkschutz zum Lagerführer gebracht.

Vor der Kommandantur stand ein Auto, ein Mercedes, ein Mann saß im Wagen. Der Werkschutz brachte mich in die Kommandantur, wo sich auch das Büro des Lagerkommandanten befand. In der Tür sagte ich mit erhobenen Arm wie befohlen „Heil Hitler" und betrat den Raum. Eine schöne Frau saß auf einem Stuhl dem Lagerführer gegenüber. Ich hatte meine Sachen mitgebracht, meinen Mantel, meinen Henkelmann und meine Decke. „Das musst du mitnehmen", hatte der Werkschutz gesagt. Das war meine Ausrüstung.

Der Lagerführer sagte zu mir, ich solle mich setzen. Ich setzte mich und hatte Angst, ich wusste ja nicht, was da passiert, was das zu bedeuten hat. „Willst du Kaffee oder Tee trinken?", fragte er mich. „Nein, keinen Kaffee, ich möchte Tee." Immer noch hatte ich große Angst und habe mich gefragt, was das wohl bedeuten soll. Warum soll ich mich setzen? Warum gibt mir der Lagerkommandant zu trinken?

Die junge Frau lächelte mich ein bisschen an, nicht so, dass man es sehen konnte, nur so ein bisschen. Ich spürte, dass sie mir freundlich gesinnt war, dass sie nicht schlecht war. Sie hat die ganze Zeit immer freundlich geschaut und mir ein bisschen versteckt zugelächelt. Ja, so konnte ich ein bisschen Tee trinken. Sie unterhielten sich, aber ich konnte nicht ganz verstehen, was sie sagten. Nach einiger Zeit schien auf einmal alles gut zu sein, alles okay. Das Mädchen stand auf und unterschrieb ein Papier. „Alles in Ordnung?" – „Ja." Sie haben noch mehr geredet, aber das habe ich nicht verstanden.

Das Mädchen war sehr schön, ein deutsches Mädchen, verstehst du, so eine schöne Frau, jung und mit so einer starken Ausstrahlung. Auch ich habe sie immer angeschaut und ein bisschen gelächelt, aber nicht richtig gelacht, sondern eben nur ihre freundlichen Blicke erwidert. Sie standen auf und sagten zu mir gewandt: „Gehen wir." Zusammen mit dem Lagerführer gingen wir nach draußen. Dort standen Werkschutzsoldaten aus dem Lager. Wir gingen zu dem Auto, es war das Modell 170 V mit vier Türen, und stiegen ein. Nach einer Weile fuhren wir los. Am Lagertor wurden wir kontrolliert, die Frau zeigte die unterschriebenen Papiere und wir fuhren aus dem Lager hinaus.

Als wir draußen waren, legte mir die Frau ihre Hände auf den Mund, ja, und dann küsste sie mich. Ja. Was soll ich dazu sagen? Ich sagte nichts. Als sie mich aufforderte, meine Jacke mit dem roten G auszuziehen, zog ich sie aus. Wir fuhren ungefähr eine halbe Stunde und kamen in eine große Stadt. In einer Straße hielten wir an, der Chauffeur stieg aus, machte uns die Wagentüre auf und sagte „Heil Hitler". „Heil Hitler", antwortete die Frau und das Auto fuhr weg. Ich hielt meine Jacke eingerollt in den Händen. Wir gingen in ein Haus, sie öffnete eine Wohnungstür – und dort sehe ich meinen Bruder Pietro stehen!

Mir war ganz komisch, ich war völlig durcheinander, ich schluchzte und weinte gleichzeitig vor Freude. In diesem Moment wusste ich noch nicht, was das alles bedeuten sollte, aber ich hatte verstanden, dass diese Frau uns helfen will.

Mein Bruder sagte, ich solle nicht sprechen. Diese Frau ist mit uns, sagte er. Und ich habe mich gewundert, was für einen Einfluss diese Frau hat, dass sie einfach zwei Gefangene aus dem Lager holen kann.

Erinnerungsreise 2000: Ehemaliger Hauseingang von Traudels Wohnung in Teplitz-Schönau (Teplice)

Die muss etwas Hohes in der Partei sein, ich weiß nicht. Alle Gefangenen wurden doch wie Hunde behandelt, schlechter als Hunde. Und diese Frau, eine Deutsche, hilft zwei Gefangenen? Es ist … ich kann das nicht verstehen. Pietro sagte nur: „Nichts sagen, nichts fragen." Also habe ich nicht mehr gefragt und nichts mehr gesagt.

Pietro hatte einen zivilen Anzug an. Woher hatte er den? Er fragte mich, ob ich meine Uniform weggeschmissen hätte. „Nein, ich habe sie ja noch an." Und dann gab dieses Mädchen mir viele Küsse und ging weg zu ihrer Arbeit. Ich blieb mit meinem Bruder den ganzen Tag in der Wohnung. Ich fragte Pietro: „Weißt du, was für eine Arbeit dieses Mädchen hat?" „Sie ist im Büro vom Bürgermeister", sagte er. „Die Stadt heißt Teplitz-Schönau, es ist eine große Stadt."

Nun erfuhr ich es: Dieses Mädchen war verlobt mit meinem Bruder. Wieso war sie in der Lage, mich aus der Gefangenschaft zu holen, weg von der Zwangsarbeit? Pietro sagte, ein Bürgermeister einer Stadt, in dieser Kriegszeit, könne eben alles möglich machen. Kein Problem.

Aufgrund von Klagen wegen mangelnder Motivation und Arbeitsleistung erklärten die Deutschen im Herbst 1944 die Italiener zu Zivilgefangenen.

Dadurch waren sie nicht mehr dem Militär unterstellt, für sie waren nun die Gemeinden, die örtliche Polizei, die Gestapo und die Unternehmen zuständig, in denen sie arbeiteten. Sie konnten außerhalb von Lagern wohnen, ihre Ernährungslage wurde kurzfristig etwas besser, verschlechterte sich aber gegen Kriegsende dramatisch.

An der Gefangenschaft und der Zwangsarbeit änderte sich durch die erneute Statusänderung aber nichts. Sie waren weiterhin Verboten und Misshandlun-

Dieses Mädchen war also mit Pietro zusammen, verstehst du, und sie hatte diese Kraft, alles zu erreichen, was sie will. Dieses Mädchen hat auch viel Kuchen gebacken. Mohnkuchen, ja. (Takis schluchzt.) Jeden Tag einen neuen Mohnkuchen. Wir haben sehr gut gegessen, oft hat sie auch Knödel aus Kartoffeln gemacht. Der Name dieser Frau war, ich weiß nicht, ob ich ihn richtig ausspreche, Edeltraut. Edeltraut war der Vorname und ihr Nachname war Gregori, die Familie Gregori.

Einmal gingen wir ins Theater. „Ja, du musst mitkommen", sagte sie zu mir. Ich mitkommen? Ich hatte keinen Anzug, keine Schuhe, kein nix nix nix, überhaupt nix. Da hat sie mir einen Anzug, Hemd, Krawatte, Schuhe gebracht und wir sind ins Theater nach Teplitz-Schönau gefahren. Wir haben die Oper „Cavalleria rusticana" gesehen, im Theater, verstehst du. Ich war wie eine Fliege in der Milch, so fühlte ich mich, wie eine Milchfliege. So sagen wir in Griechenland. Vom Kriegsgefangenen-Lager ins Theater, „Cavalleria rusticana" anschauen! Auf der Rückfahrt in ihre Wohnung hat Traudel an einem Geschäft gehalten und Kuchen gekauft.

Ungefähr zehn Tage bin ich bei Traudel und Pietro geblieben. Dann sagte Traudel zu mir: „Ich bringe dich zu meinen Eltern, zu meiner Familie, das ist besser. Hier wird es langsam zu riskant, wir müssen sehr aufpassen." So gegen acht Uhr am Abend zog ich meine Uniform an. Ich habe meinen Bruder zum Abschied geküsst und Traudel ist mit mir zum Bahnhof gegangen. Dort stiegen wir in einen Zug ein, ich in meiner Uniform mit dem roten G. Ich hatte keine Papiere, keine Ahnung. Wir sind zu einem Dorf gefahren, das Maria Radschitz hieß. Der Bahnhofschef grüßte mit Heil Hitler, er kannte Traudel wohl gut. Von dort sind wir zu einem Haus im Dorf gelaufen, das stand in einem großen Garten. Es war schon dunkel. Traudels Eltern hatten gewusst, dass wir kommen, sie haben uns erwartet.

Herr Gregori, der Vater, war ein großer älterer Mann und Frau Gregori war eine große, stattliche Frau.

Wir setzten uns an einen Tisch und aßen zusammen. Danach hat der Vater für mich ein Bett repariert, das stand im Wohnzimmer. Früh morgens ging Traudel weg. Sie küsste mich und sagte: „Alles ist gut. Du bleibst hier, für meine Eltern ist das kein Problem." Ich gewöhnte mich an die Familie, an das Haus und den Garten. Jeden Tag ging ich hinaus und pflückte Stachelbeeren. Apfelbäume gab es da auch. Die Äpfel

Ehepaar Gregori, Traudel und Pietro

76

brachte ich in den Keller und legte sie auf ein Holzregal. Und ich kümmerte mich um die Rosen. Rechts vom Eingang waren die Rosen und links die Stachelbeeren. Weiter hinten im Garten war ein kleiner Teich. Es war ein schöner Ort. Ich half Frau Gregori auch beim Wäschebügeln. Unten im Keller gab es eine Maschine. Wenn die Wäsche gewaschen war, wurde sie um eine Rolle gewickelt und das Wasser herausgepresst. Dann aufhängen, bügeln – so half ich der Mutter von Traudel.

Eines Abends kam Traudel zusammen mit Pietro. In dieser Nacht hatten wir Vor-Alarm in dem Dorf und dann Alarm. Ich war im Bett, Pietro schlief mit Traudel, Herr und Frau Gregori haben auch geschlafen. Ich hatte Angst, habe das Fenster aufgemacht und bin aus dem Fenster hinausgestiegen in die Nacht, ohne etwas zu sehen. Ich hörte viele Bombardements in der Nähe. Nicht weit von diesem Haus waren eine große Panzerfabrik und eine Straße, auf der die neuen Panzer jeden Tag ihre Probefahrten machten. Jeden Tag waren die brummenden Panzerfahrgeräusche zu hören. Ich dachte, wir werden

Erinnerungsreise 2000: Alte Rosenstöcke blühen erneut am ehemaligen Hauseingang von Gregori

auch bombardiert, und bin vor Angst ohne Schuhe, nur in der Unterhose, bis zu dem kleinen Teich gelaufen und kopfüber ins Wasser gesprungen.

Als keine Flieger mehr zu hören waren, bin ich aus dem Teich gestiegen. Ich war noch nicht ganz am Haus angekommen, da wurde überall Licht angemacht. Pietro und Traudel haben sehr gelacht, weil ich nur die nasse Unterhose anhatte. (Takis lacht.) Mein Bruder sagte: „Du hast in deine Unterhose geschissen", und wieder wurde viel gelacht. Am nächsten Tag ist Pietro mit Traudel weggegangen.

Zwangsarbeit in der Baumwollspinnerei Mitscherlich

Nach zehn Tagen hat mir Herr Gregori gesagt, dass ich nicht länger bei ihnen bleiben könne, dass ich für Deutschland arbeiten müsse. Okay, habe ich gesagt. Ich hatte alles dabei, das Wenige, das ich besaß; meine

Meine Großeltern Gregori

78

Uniform, das Essgeschirr mit dem Löffel und die Decke. Zu Fuß sind wir ungefähr einen Kilometer auf einer Asphaltstraße zu einer Bus-Haltestelle gegangen. Als der Bus kam, hat Herr Gregori seine Papiere gezeigt, er brauchte keine Fahrkarte zu lösen, brauchte nichts zu bezahlen für uns beide. Wir sind mit dem Bus einen Berg hochgefahren zu einem kleinen Dorf mit Namen Klostergrab. Unten am Platz sind wir ausgestiegen und unter einer großen Bahnbrücke hindurch zu einer Fabrik gegangen. Das war die Baumwollspinnerei Mitscherlich.

In der Baumwollspinnerei Mitscherlich wurde in zwei Schichten arbeitet, 16 Stunden am Tag, Arbeit für die Armee. Dort arbeiteten überwiegend Frauen und Mädchen aus Klostergrab, sie stellten aus Baumwolle Garn her. Im Verwaltungs-Büro wurden mir neue Papiere ausgestellt, man gab mir noch eine Decke, Sachen zum Waschen und was ich zum Schlafen brauchte. Gegenüber der Fabrik stand ein kleines Haus bei einem Wäldchen. Dort waren bereits zwei französische

Erinnerungsreise 2000: Takis vor der ehemaligen Unterkunft

Kriegsgefangene untergebracht, die auch in dieser Fabrik arbeiteten. Einer hieß Demare und der andere Diboa. Einer war Musiker und der andere Mechaniker.

Wir arbeiteten 16 Stunden am Tag. Ein Meister erklärte mir, was ich tun sollte. Ich war für eine bestimmte Maschine zuständig und musste dafür sorgen, dass sie immer mit ausreichend Öl versorgt war. Diese Maschine drehte die Baumwolle und musste zum Arbeitsbeginn um sechs Uhr früh bereit sein. Ich musste um vier Uhr aufstehen und die Maschine zum Warmlaufen mit Öl versorgen. Zusammen mit den Franzosen ging ich frühmorgens zur Fabrik. Dort gab es keine Kontrolle, alles normal wie im zivilen Leben, keine Aufseher mit Hunden, die die Gefangenen treten und schlagen. Ich meldete mich beim Meister, der war schon 70 oder 73 Jahre alt, ein Rentner, den man noch einmal geholt hatte, weil sein Vorgänger zum Militär eingezogen worden war. Hier lernte ich schnell. Ich war jung, weißt du, ich arbeitete gut.

In dieser Fabrik wurden alle Maschinen über große Achsen und Wellen mit Lederriemen angetrieben. Jede Maschine hatte fünf bis sechs Riemen, und wenn einer kaputt ging, wurde er repariert. Diese Arbeit machte ich auch. Mein Chef war sehr zufrieden mit mir, er war sehr freundlich. In der Fabrik arbeiteten viele Fräuleins, die gaben mir immer ein wenig ab, ein bisschen Wurst, ein bisschen Marmelade und so. Auch mal ein Küsschen und dann schnell weiter… Ja, ich war jung. Vom Betrieb bekamen wir nur sehr wenig zu essen. Ich habe zu meinem Chef gesagt: „Immer wenig Essen, immer viel Arbeit." Ja, das habe ich gesagt.

Als der Winter kam, hatten wir Probleme mit den Füßen. Wir hatten keine Strümpfe, also suchten wir ein paar Stoffstücke zusammen und wickelten sie uns um die Füße. Meine Schuhe waren kaputt, ich brauchte neue Schuhe. Aus einem Stück Metall habe ich mir ein Messer und eine Nadel gemacht. Einige Tage habe ich darüber nachgedacht, wie ich an Leder komme. Ein Stück Leder abzuschneiden, das ist für die Deutschen Sabotage. Wie damals das mit der Luftpost.

Kurz vor Ostern bin ich nachts aufgestanden und mit dem Messer in die Fabrik rein. Ich kannte mich dort ja gut aus und konnte mich frei bewegen, auch in anderen Abteilungen. Ich fand keine kleinen Lederstücke, aber ich sah ein großes Stück Leder, ungefähr 80 Zentimeter lang und 40 Zentimeter breit. Das war der Antriebsriemen einer Turbine für die Stromerzeugung. Damit wurde bei Stromausfall ein Generator betrieben, damit die Produktion nicht zum Stillstand kam.

Erinnerungsreise 2000: In der leeren Fabrik sind immer noch Baumwollreste vorhanden.

Ich schnitt einen der Antriebsriemen durch. Bumm machte es, der ganze Riemen fiel von der Maschine nach unten. Ich schnitt ein paar gute Stücke von dem Leder ab. An den zwei Ostertagen wurde nicht gearbeitet, da habe ich mir Schuhe gemacht. Ich brauchte nur einen Teil des Leders. Was übrig war, habe ich den Franzosen gegeben und die haben es anderen Franzosen weitergegeben.

Wegen Sabotage-Verdacht ins Gefängnis

An Ostern war im Dorf ein Magazin mit Margarine, Nudeln, Marmelade geplündert worden. Montag früh kam die Polizei, um zu untersuchen, wer das gemacht hatte und wo die gestohlenen Sachen waren. Bei den Franzosen fanden sie Leder, das von der Industrie stammte. Nun wurden sie verhört: Wo habt ihr das Leder her? – Von den zwei Franzosen, die in der Spinnerei Mitscherlich arbeiten. – Von wem habt ihr das Leder?, wurden die dann gefragt. – Von dem Italiener. Am gleichen Tag kamen die Polizisten in die Fabrik, vom Arbeitsplatz wurde ich ins Büro gebracht. Im Büro waren der Direktor, ein Offizier, zwei Frauen und zwei Männer in Zivil, die waren in einem Volkswagen aus der Stadt Teplitz gekommen.

Nun wurde ich verhört: „Was hast du da gemacht? Wo hast du das Leder weggenommen?" – „Ich habe vom großen Leder ein Stück abgeschnitten." Der Direktor schrie mich an: „Diese Maschine ist der Stromgenerator! Wenn da etwas passiert und der Strom ausfällt, dann bleibt die Fabrik ohne Strom! Das ist Sabotage!" Dann fragten sie weiter: „Warum hast du das Leder den Franzosen gegeben?" – „Sie haben mir ihre Portion Essen dafür gegeben." Dann ging es bumm – bumm – bumm. Es gab Schläge. Ich bin zu Boden gefallen. Alle drei haben weiter auf mich eingeschlagen, auch der Direktor, und „Sabotage!" geschrien. Die beiden Frauen im Büro weinten. „Das ist doch noch ein Junge, so viel Schläge, so viel Prügel..." – „Das war Sabotage!" schrien die Männer immerzu.

Mir wurden die Hände auf den Rücken gebunden, dann brachten sie mich nach Teplitz-Schönau. Ich weiß nicht, wo wir in dieser Stadt waren, ich sah nur einen großen Platz und dort war das Gefängnis. Unten für Männer, oben für Frauen, ein großes Gefängnis. Eine Zelle hatte so drei mal fünf Meter. Zwei Männer aus der Tschechoslowakei waren bereits darin, jeder von uns hatte eine Decke. Es gab aber keine Betten, nur einen Eimer als Toilette. In diesem Gefängnis war ich nun eingesperrt.

Jeweils mittags und abends wurde Essen in die Zelle gebracht, ganz schlechtes Essen, und für drei bis vier Tage gab es zwei Zigaretten für jeden. Ich habe nicht geraucht und diese zwei Zigaretten den anderen jungen Männern gegeben. Dann hat der Aufseher, der die Zigaretten verteilte, mir diese Aufgabe übertragen. Jetzt machte ich die Zellentüren auf und verteilte die Zigaretten im ganzen Zellenblock an alle Gefange-

Erinnerungsreise 2000: Mit Tränen in den Augen berichtet Takis, was in diesem Büro passierte.

83

nen. Danach ging ich wieder in meine Zelle zurück.

Nach einer Woche schickte mich der Aufseher in die Küche, unten im Keller, Kartoffeln sauber machen. Dort waren zwei Frauen und ich, acht Stunden lang schälten wir Kartoffeln mit dem Messer. Dann sah ich auf dem Weg zum Kartoffeln putzen, dass jeden Morgen eine große Kasserole, ein Topf aus Metall voll mit Essen weggebracht wurde. Ich habe den Chef gefragt, wo dieser Topf hingebracht wird. Er war freundlich zu mir, weil ich viele Kartoffeln schnell, schnell, schnell und gut geschält habe. Er antwortete, dass das Essen für die zehn Männer ist, die in einer Batteriefabrik arbeiten.

Ich fragte ihn, ob er mich nicht auch in diese Fabrik zum Arbeiten schicken könnte. „Ich möchte ein bisschen raus aus dem Gefängnis und draußen ein bisschen die Leute anschauen." „Nein, nein", war seine Antwort. Aber ich habe ihn immer wieder gefragt. Und eines Tages sagte er plötzlich: „Ab morgen gehst du in die Fabrik."

Batterie-Fabrik Teplitz-Schönau

Am nächsten Tag führten zwei Wachmänner mit Hunden unsere Gruppe von zehn oder zwölf Männern aus dem Gefängnis hinaus, über den Adolf-Hitler-Platz und die Straße hinunter, die aus der Stadt hinausführte. Nach gut einem Kilometer erreichten wir die Batterie-Fabrik. Dort arbeiteten auch Tschechen. Wir, die Gefangenen, mussten die schlimmste Arbeit machen, wir hatten immer nur mit Batterie-Säure zu tun, ohne Schutz. Ohne alles, mit den nackten Händen in der Säure! Das spielte keine Rolle, wir waren ja nur Gefangene.

Jagdflugzeuge kamen und nahmen die Bahnlinie unter Beschuss. In der Nähe gibt es einen Berg, den Annaberg, von dort hörten wir die Front, das Bumbum der Bomben, aber es war noch weit entfernt von uns. Zu Traudel und Pietro hatte ich keinen Kontakt mehr. Vielleicht hat Traudel erfahren, was mit mir in Klostergrab passiert ist. Vielleicht weiß sie von ihrem Vater, dass ich ins Gefängnis kam. Weiß sie, dass ich jetzt in der Batterie-Fabrik arbeite? Traudel wusste alles, sie war ja im Bürgermeister-Büro.

Etwa zwei Wochen lang wurden wir früh zur Fabrik gebracht und abends ins Gefängnis zurück. Immer zwei von uns trugen das Essen. Eines Abends war ich an der Reihe, dem Topf zu tragen. Auf dem Weg zum Adolf-Hitler-Platz gibt es zwei Querstraßen, die nach unten führten. An der Ecke der ersten Straße sah ich Pietro zusammen mit Traudel. Er rief mir auf Griechisch zu: „Skasto fige!" Hau ab, heißt das. Und ich habe auf Griechisch geantwortet: „Ich kann nicht, siehst du nicht, was los ist?" Vorne war der eine Werkschutzmann mit Hund und hinten ging der andere mit Hund und Gewehr. Ich konnte nicht weglaufen. Es waren ja auch viele Leute auf der Straße, Deutsche, rechts und links. Wo sollte ich hin mit diesem großen G auf der Jacke? Pietro sagte: „Die Front kommt schnell näher. Vielleicht lassen sie euch nicht mehr raus aus dem Gefängnis." Aber wir gingen weiter. „Ciao ciao!"

Flucht aus der Gefangenschaft

Am nächsten Tag gingen wir nicht zur Batterie-Fabrik und ich dachte, dass Pietro recht gehabt hatte. Aber am dritten Tag brachten sie uns doch wieder hin. Ich trug den Topf mit dem Essen. An der gleichen Stelle sah ich wieder Traudel und Pietro. Ich ging ganz hinten mit dem Gefängniswärter, der hatte kein Gewehr, aber einen Hund. Vor dem Mann kannst du weglaufen, sagte ich mir, aber nicht vor dem Hund. Das ist ein Polizeihund, trainiert auf diese Aufgabe. Plötzlich kam Traudel zu mir und küsste mich. Ich blieb stehen, Traudel steckte mir einen Schlüssel zu und Pietro sagte: „Heute ist der letzte mögliche Tag. Wenn du heute nicht fliehst, kommst du nicht mehr aus dem Gefängnis raus." Traudel drückte mich und sagte: „Lauf in die zweite Querstraße bis zu den Bahngleisen, dann durch den kleinen Tunnel, auf der anderen Seite ist meine Wohnung, dort gehst du rein." Der Wachmann sagte: „Nun komm, na komm, komm, komm."

Ich ließ Traudel los und rannte weg. Hätte jemand gemessen, wie schnell ich war – ich wäre der Champion gewesen. Ich bin geflogen wie ein Düsenjäger. Ich habe mich nicht umgesehen, nur weg, schnell weg. Ungefähr 500 Meter rannte ich, bis ich vor einer Mauer stand. Wohin jetzt? Dann fand ich den kleinen Tunnel, kroch hindurch. Auf der anderen Seite waren Fußgänger. Schnell zog ich meine Jacke aus und rollte sie zusammen. Ich bekam keine Luft mehr und wartete. Nach etwa fünf Minuten kamen Traudel und Pietro und sagten: „Geh ins Haus! Schnell aufschließen!"

Als die Tür aufging und ich eintrat, war dort Nikos, mein zweiter Bruder. (Takis beginnt zu weinen.) Ich hatte völlig meinen Kopf verloren, konnte nicht verstehen, was passiert ist. Alle weinten, Nikos, Traudel. Ich konnte nicht sprechen, mir fehlten die Worte. Nach einer Weile sagte Traudel, dass sie jetzt weg müsse. Wir sollten ruhig hierbleiben, sie komme am Abend zurück.

Weißt du, was ich glaube: Gott hat dieses Mädchen geschickt, damit wir alle am Leben bleiben. Am Abend kam Traudel mit einem Freund zurück, einem jungen Tschechen, der hieß Peppi und sprach Deutsch. Er wollte uns mitnehmen zu seinen Eltern, zu seiner Familie in einem Dorf. „Hier könnt ihr nicht bleiben", sagte er, „vielleicht kommt eine Kontrolle."

Meine Mutter hat also alle drei Brüder gerettet. Wie war ihr das möglich und warum tat sie das? Und vor allem: Wie konnte sie in einer Beziehung mit Pietro leben, sich mit ihm in der Öffentlichkeit zeigen? Es war den Deutschen doch verboten, sich mit ausländischen Gefangenen einzulassen? Wie empfand sie die Schwangerschaft? Welche Hoffnungen und Pläne hatte sie? All diese Fragen blieben unbeantwortet und ich werde sie auch nicht mehr klären können.

Pietro und Nikos hatten Zivilkleidung an, aber ich hatte nur meine Gefängnisuniform. In den Straßen wurde immer überall kontrolliert, Militärpolizei, Wachen, überall musste man Papiere zeigen. Es war schwer, unbemerkt zum Bahnhof zu kommen. Ich habe die Jacke ausgezogen und eingerollt unter dem Arm getragen. Sonst hatte ich nichts mit. Wir sind losgegangen und haben gesehen, dass am Eingang Soldaten waren, die die Leute kontrollierten. Deshalb sind wir an einer anderen Stelle zwischen den Gleisen durchgegangen. Dort rangierten viele Züge. Peppi sagte, wir sollten dort warten. Am Abend, so gegen halb zehn, ist Peppi zurückgekommen. „Kommt schnell, einsteigen." Es war ein gemischter Transport, Militär und Zivilpersonen. Wir stiegen mit Peppi ein, der Zug fuhr los, hielt aber kurz nach dem Bahnhof wieder an. Wir kletterten schnell aus dem Waggon und versteckten uns dort, wo zwei Wagen aneinandergekoppelt sind. Militärs und Polizisten kontrollierten die Papiere im Zug. Als er wieder losfuhr, kletterten wir in den Wagen zurück. Vor der nächsten Station hielt der Zug kurz an und wir sind runtergesprungen. Peppi fuhr weiter mit bis zum Bahnhof, passierte die Kontrolle und kam zu uns zurück. Er brachte uns zum Haus seiner Eltern.

Dort sind wir fünf Tage geblieben. Jeden Tag hörten wir Radio. Am fünften Tag – endlich – hörten wir: Deutschland ist kaputt. Admiral Dönitz hat die bedingungslose Kapitulation unterschrieben, der Krieg ist aus! In Tschechien war der Krieg aber noch nicht ganz zu Ende. Die Deutschen wurden aufgerufen, nach Prag zu kommen und sich den Russen entgegenzustellen. Dort gab es eine SS-Division, die sich nicht ergeben wollte, und die Wlassow-Armee, die mit den Deutschen kollaboriert hat. In Prag fanden schwere Kämpfe statt, aber schließlich wurden die SS-Division und die Wlassow-Armee überrollt und vernichtet. Als das Radio „Prag ist frei" meldete, liefen die Menschen hinaus auf die Straße und riefen „Viva" und „Freiheit", denn jetzt war das Dorf tschechisch. Und wir waren frei.

Kapitel 7
Der lange Heimweg von Tschechien nach Athen

Der Krieg ist zu Ende

Takis: Eine Woche lang passierte gar nichts im Dorf. Es waren keine Deutschen mehr zu sehen. Überall gab es zurückgelassenes Kriegsmaterial, Panzer, Opel Blitz, Volkswagen, das hatten die Deutschen zurückgelassen. Dann kam ein Tscheche und begann, die Leute zu organisieren zu einer Art Kampfgruppe. Nikos hat einen kleinen Panzer repariert, der nicht mehr fahren konnte, weil er keine Batterie hatte. Nikos nahm die Batterie aus einem Opel Blitz, baute sie ein, besorgte Benzin und startete den Panzer. Er lief! Nikos kannte sich mit Panzern aus. Wir montierten eine italienische Flagge oben drauf und fuhren zu einem deutschen Armee-Magazin. Mit dem Panzer rammten wir die starken Türen. Drinnen waren Schuhe. Alle Leute aus dem Dorf sind gekommen und weg waren die Schuhe. Danach öffneten wir mit dem Panzer ein anderes Magazin. Darin war Vichy-Wasser aus Frankreich. Tausend Kästen mit Vichy-Wasser! In einem Büro fanden wir zehn Kästen mit Schnaps. „Wo sind die Italiener mit dem Panzer?", riefen die Leute. (Takis lacht.) So ging das eine ganze Woche lang, wir immer mit dem kleinen Panzer und der italienischen Flagge, die die Mutter von Peppi genäht hatte.

Puh, dramatische Szenen. Da denkt man: Der Krieg ist zu Ende, alles ist gut. Aber so war es nicht für die Millionen von Verschleppten, Deportierten, aus den Lagern Befreiten, die noch monatelang, manche jahrelang durch Europa irrten oder in Lagern für sogenannte Displaced Persons interniert waren.

Alle Leute im Dorf hatten jetzt Pistolen und Munition, ich auch. Als ich im Lager war, hatte ich mir geschworen, dass ich den ersten Deutschen, den ich finde, nicht erschießen würde, nein, ich würde ihm alle Knochen brechen, würde ihn in Stücke reißen. Nicht erschießen. Ich hatte das vor, ganz bestimmt. Jetzt sah ich einen Deutschen, einen Soldaten, er kam zu Fuß und hatte einen Hund dabei. Ich fragte ihn, wo er hin will. Er wollte nach Hause gehen, bis nach Wien. Ich wollte, dass er mir seinen Hund gibt, aber er sagte, dass der Hund nicht bei mir bleiben würde, und mein Bruder meinte das auch. Ich habe den Deutschen mit zu Peppi genommen, habe ihm Essen und Zivilkleidung gegeben. (Takis weint.) Ja, ja, wir müssen nach Hause gehen. Du musst auch nach Hause gehen. Wir haben zusammen gegessen, dann hat er mit seinem Hund seinen Fußmarsch nach Wien fortgesetzt.

Nach zwei bis drei Tagen sahen wir früh morgens eine große Staubwolke auf das Dorf zukommen. Was passiert da? Dann erkannten wir Pferde, viele Pferde. Zwei- bis dreihundert Soldaten kamen angeritten. Es waren russische Soldaten, sie sahen alle sehr schmutzig aus. Woher sie kamen, wusste niemand. Ein Kommissar hatte das Kommando. Sie blieben ein paar Tage im Dorf und wollten Wodka, Wodka. Überall suchten sie nach Alkohol. Im Dorf war ein kleines Krankenhaus, das haben sie zerstört und den Alkohol, den sie dort fanden, haben sie getrunken. Das war aber kein Alkohol zum Trinken, das war Medizin. Am nächsten Tag starben zwei von denen, die diesen Alkohol getrunken hatten.

An einem Tag, ich stand am Fenster, kam ein russischer Soldat, der war schon alt, mit einem Pferd und fragte, wo Hufeisen repariert werden. Ich brachte ihn in eine kleine Schmiede. Dort machten sie Feuer und verpassten dem Pferd neue Hufeisen. Währenddessen machte der alte Mann seine Jacke auf. Darunter hatte er eine Tasche mit vielen Uhren. Er sagte zu mir: „Du bringen Wodka, du kriegen Uhr." Und ich bin dann ein Stück unter der Erde? Ich traute ihm nicht. Ich zeigte auf eine schöne schwarze Uhr. Aber erst sollte ich den Schnaps holen. Ich ging nach Hause, wo wir Kästen mit deutschen Getränken aus den Magazinen hatten, auch Schnaps, und nahm zwei Flaschen mit zur Schmiede. Der Russe nahm die erste Flasche, er machte sie nicht auf, er schlug sie auf, und dann hat er, ohne abzusetzen, die ganze Flasche ausgetrunken. In dem Moment, als ich die Uhr an mich nehmen wollte, stieß er mit dem Kopf kräftig gegen meinen Kopf und ich fiel auf die Erde. Jetzt hatte ich verstanden: Er will nicht, dass ich die Uhr nehme. Blitzartig rannte ich zur Tür, nur schnell weg hier. Hinter mir höre ich seine Kalaschnikow „brrrrrrr". Wenn ich geblieben wäre, hätte er mich erschossen.

Nach einer halben Stunde hatte der Alte alles Werkzeug, das er gebrauchen konnte, in einen Sack gepackt, sein Pferd hatte neue Hufe und er ist an unserem Haus vorbeigeritten. Im Haus hatten wir auch eine Handgranate, wir hatten alles, was wir gefunden hatten, zu Hause. Aber ich überlegte, wenn ich den erschieße, dann verbrennen sie sicher gleich das ganze Dorf. Also ließ ich ihn weiterreiten.

Aufbruch zu Fuß

Dort in dem Haus von Peppi sind wir ungefähr zwei Wochen geblieben. Zwei andere Italiener kamen zu uns aus einem anderen Dorf. Einer von ihnen war Pope und wir beschlossen: Wir gehen zusammen zu Fuß nach Hause. Zunächst planten wir, wie wir auf die andere Seite zu den Amerikanern kommen könnten. Das Wechseln von einer Seite auf die andere war verboten und der Frontverlauf änderte sich ständig. Es gab noch heftige Kämpfe. Wir hatten einen Kompass und eine Karte und planten unsere Route. Nikos sagte: „Wir nehmen diesen Panzer und füllen drei Metallfässer mit Petroleum, denn es gibt keine Bahn und keine Straße in Richtung Italien." Wir fuhren nach Kompass mit dem Panzer. Die italienische Flagge und alles Material haben wir darin verstaut. Dann bedankten wir uns bei der Familie von Peppi. Alle fünf kletterten in den Panzer und dann – auf Wiedersehen!

Nach ungefähr zehn Kilometern sahen wir auf einer Straße große russische 80-Tonnen-Panzer kommen. Diese Panzer können nicht auf Wiesen fahren, sondern nur auf der Straße. Wir hielten an und eine Frau, die dort den Verkehr regelte, kam auf uns zu. „Was ist das? Wo wollt ihr hin?" Schnell sind wir runter vom Panzer, unsere in Säcken verstauten Sachen haben wir fallen gelassen, alles fallen gelassen. (Takis lacht.)

In der letzten Kriegsphase und vor allem nach dem Sieg der Alliierten stellten die von den Deutschen aus ihren Heimatländern Verschleppten ein erhebliches Problem dar. Die Zahl ausländischer Zivilpersonen, die sich außerhalb ihrer Heimat aufhielten, belief sich 1945 auf fast 11 Millionen Menschen. Zu ihnen zählten die aus den Konzentrationslagern befreiten Häftlinge und all die Arbeitskräfte, die während des Krieges mehr oder weniger freiwillig nach Deutschland gekommen oder zwangsweise dorthin verschleppt worden waren.

Ein großer Teil dieser als „Displaced Persons" (DPs) bezeichneten Menschen wurde von den Alliierten in Lagern gesammelt, wo sie auf ihren Rücktransport warten mussten. Viele machten sich aber auch auf eigene Faust auf den langen und angesichts des Nachkriegschaos schwierigen Heimweg.

Der organisierte Rücktransport der Italiener Richtung Brenner und in italienische Transitlager begann im Sommer 1945, die meisten von ihnen erreichten Italien bis Ende desselben Jahres. Neben der UNRRAH (United Nations Relief and Rehabilitation Administration) kümmerten sich diverse Hilfsorganisationen um Versorgung und Transport, immer unter prekären Bedingungen.

Das war ein schwerer Moment. Ein schlechter Moment, aber er ist vorbei. Einen schlechten Moment kannst du vergessen, so bin ich. Wir sind zu Peppi zurückgekehrt. So geht es also nicht, wir müssen zu Fuß gehen.

Peppi hatte einen Cousin in Prag, er zeigte uns auf einer Karte, wo wir den finden können. Wir packten etwas zum Essen zusammen, verabschiedeten uns erneut und brachen zu Fuß nach Prag auf, zu dem Cousin von Peppi. Dort haben wir weitere Verpflegung bekommen und sind weitergelaufen, bis nach Budapest. Auf dem Weg nach Budapest sind wir an vielen schlimmen Kriegsfolgen vorbeigekommen. Unterwegs fanden wir viele Uniformteile. Ich habe eine Flugzeug-Lederjacke gefunden, gute Stiefel, Schuhe, jeder hatte einen Regenmantel zum Schutz vor Regen und zum Auffangen von Regen für Trinkwasser.

Durch Ungarn

Der Pope, der Offizier war, hatte eine Pistole, eine Marble, und ein langes Messer. Der war aus Sizilien, mehr noch war er von der sizilianischen Mafia. Nikos, Pietro und ich hatten jeder ein Gewehr, eine Pistole und Messer. In Budapest haben wir im kaputten Zentralbahnhof geschlafen. Früh standen wir auf, um mit dem Henkelmann Essen und Wasser zu organisieren. Im Bahnhof sahen wir einen jungen Mann mit einem Wagen, auf dem ein kleiner Metallofen befestigt war. Oben drauf stand ein Kochtopf. Er kochte Fasoli, Bohnen mit Paprika. Jeder von uns nahm sich einen großen Teller Fasoli. So konnten wir früh am Morgen warm essen, das war ein großes Fest für uns. Aber der junge Mann wollte Geld dafür. Geld hatten wir nicht. Der Pope richtete die Pistole auf ihn und er ließ alles stehen und rannte zu einer Seite weg und wir rannten zur anderen Seite weg. Das waren schwere Momente, das war schlecht.

Aber du kannst in dem Moment nicht erklären, warum du nicht bezahlen kannst, warum du kein Geld hast, wer du bist, von wo du kommst... Nichts kannst du erklären.

Die Stadt Budapest war durch die schweren Kämpfe der Amerikaner und Russen gegen die Deutschen sehr stark zerstört. In Budapest war viel kaputt. An einem Mittag standen wir zusammen, da kam eine Frau in eleganter Kleidung, eine schöne Frau, so etwa 65 Jahre alt, auf uns zu und fragte, wer und von wo wir sind. So so, Kriegsgefangene. Die Frau sprach ein bisschen Griechisch und erzählte uns, dass ihr Mann fünfzehn Jahre auf Kreta mit Antiquitäten gearbeitet hat und dass sie viele Jahre mit ihm auf Kreta war.

Sie lud uns in ihr Haus ein, gab uns zu essen und zeigte uns, wie wir unseren Weg am besten fortsetzen können. Wir besprachen unsere Marschroute. Sie hatte gehört, dass alle Italiener, die nach Jugoslawien gehen, dort in ein Gefangenen-Lager kommen. Es gab Probleme zwischen Italien und Jugoslawien, weil Jugoslawien Triest haben wollte, aber die Italiener wollten Triest nicht abgeben.

Was können wir machen? Unser Weg musste durch Jugoslawien gehen. Die Frau setzte sich an ihre Nähmaschine nähte uns eine griechische Flagge. Und sie nähte fünf kleine Flaggen, die wir am Arm tragen konnten. „Wenn Sie durch Jugoslawien kommen, zeigen Sie die griechische Flagge und Sie kommen durch wie die Griechen", sagte sie.

Wir sind in der Nacht losgegangen und jeden Tag 10 bis 15 Kilometer gelaufen. Nicht auf Straßen, wir sind über Berge gegangen, durch Dörfer, immer mit unserem Kompass, er zeigte uns die Richtung. In einer Nacht regnete es, wir hatten die Regenmäntel an. Da sahen wir ein Licht. Vielleicht ein Haus, vielleicht gibt es Leute da? Wir gingen näher hin und standen vor einer großen Wand aus Metall. Wir kamen nicht weiter und mussten dieses Hindernis umgehen. Es gab dort viele Apfelbäume. Die Äpfel waren noch nicht reif, aber wir verschlangen diese grünen Äpfel und verstauten weitere in unseren Säcken. Dann gingen wir weiter in Richtung des Lichts. Es war ein großes Bauernhaus aus Holz, unten die Ställe und oben die Wohnräume. Wir konnten die Kühe riechen. In diesem Moment kannst du nicht nachdenken, es geht um dein Leben, du musst essen, musst weitergehen und wieder essen.

Du weißt nicht, was du finden wirst, egal... Du musst leben. Verstehst du, du kannst nicht nachdenken.

Wir haben eine Tür gefunden, sind hinein in den Stall, und dort waren etwa fünfzehn Kühe und ein großes Schwein an einer Kette. Alles war sauber mit Stroh ausgelegt. Wir sind dann unter die Kühe gekrochen, wir haben schmatz schmatz gemacht und dann kam süße Milch... Oh Milch... wie bei Mutter! Alle haben sich den Magen ganz vollgetrunken mit Milch. Wir waren glücklich, alle hatten einen vollen Magen.

Als wir unter den Kühen lagen und glücklich tranken, war es ganz ruhig im Haus. Aber als wir fertig waren, hörten wir Stimmen von oben, wo die Familie wohnte. Wir verhielten uns ganz ruhig. Dann nach zwei, drei Stunden beschlossen wir weiterzugehen. Wir waren immer sehr vorsichtig und passten gut auf, wir wollten ja alle fünf nach Hause kommen. Einer der beiden Freunde wollte das Schwein mitnehmen, aber der andere hat gesagt: Nein, was machen wir dann mit dem Schwein, wo bringen wir so ein großes Schwein hin, das wiegt doch hundert Kilo!

Die Diskussion ging hin und her und schließlich machten wir das Schwein von der Kette los, öffneten die Tür und gingen ins Freie. Der Pope, der das große Messer hatte, machte so so weiter drüben und das Schwein machte quiek quiek... Von oben aus dem Haus wurde zweimal mit einem Gewehr geschossen bam... bam. Wir haben auch bam... bam zweimal mit unseren Gewehren in die Luft geschossen, danach blieb es ganz ruhig.

Wir gingen weiter und kamen wieder zu den Apfelbäumen. Dort haben wir dann das Schwein mit der Kette an einen Baum gehängt. Der Pope hat mit seinem großen Messer die Beine mit den Schinken abgeschnitten. Wir haben die Beine genommen und über die Mauer geschmissen. Dann kletterten wir hinüber. Als wir alle fünf drüben waren, haben wir uns die Stücke über die Schulter gelegt und sind weg. Nach zirka zwei Kilometern, es wurde langsam hell, haben wir das

Fleisch von den Knochen geschnitten und in fünf Portionen geteilt und jeder hat seine Fleischportion getragen. Mittags haben wir eine Rast eingelegt, Feuer gemacht, das Fleisch gebraten und ein Stück davon gegessen.

Weiter, weiter, immer weiter nach Kompass und Karte. Wenn eine Straße zu einem Dorf führte, gingen wir nicht dorthin. In dieser Zeit war überall Chaos. Es galt nichts mehr, alle Regeln waren außer Kraft gesetzt, überall versprengte Soldaten, umherziehende bewaffnete Leute, und jeder machte, was er wollte. Im Griechischen bedeutet Chaos: Wenn du von einem Berg tief nach unten schaust und du kannst absolut nichts sehen, das ist Chaos. So war diese Zeit.

Durch Jugoslawien

Nach der Karte und dem Kompass hatten wir Ungarn verlassen und waren bereits in Jugoslawien, aber wir hatten keine Grenze gesehen. Eines Nachmittags in den Bergen sahen wir Kastanienbäume und Kastanien, die unten lagen, die haben wir gegessen. Nicht weit von uns entfernt war eine Gruppe von Wildschweinen, die fraßen auch von diesen Kastanien. An diesem Platz haben wir bis zum nächsten Tag geschlafen. Kaum waren wir wach, da erschienen 15 jugoslawische Partisanen und befragten uns, wo wir herkommen, wo wir hin wollen. Wir gehen nach Hause, sagten wir, nach Griechenland, wir kommen von Deutschland, dort waren wir in Kriegsgefangenschaft. Sie nahmen uns mit, weiter nach oben in die Berge, in ein kleines Dorf mit einer kleinen Schule. In dieser Dorfschule waren alle Fenster mit Holz zugenagelt, dort konnten wir auf dem Fußboden schlafen. Zuvor aber brachten uns Frauen aus dem Dorf etwas zum Essen, Eier, Fleisch und Brot. Das Brot war nicht aus Mehl, Brot aus Mais war das.

Am nächsten Tag brachten sie uns wieder Essen. An diesem zweiten Tag stand ein Partisan mit Gewehr in der Tür. Warum haben wir alles erzählt? Wir müssen bald weg hier, aber aufpassen. Am Tag aufzubrechen, das ist ein Problem, die Gefahr ist zu groß. Also blieben wir bis zur folgenden Nacht. Wir entfernten die Holzbretter von einem Fenster und verschwanden in die Nacht, weg aus der Schule, aus dem Dorf, nur schnell weg.

Vielleicht eine Woche lang liefen wir immer so weiter, in kleinen Dörfern bekamen wir von den Bauern ein bisschen Brot und etwas zu trinken. Das ging so bis Belgrad. Vor Belgrad war ein alter Bahnhof, der war ganz kaputt, war bombardiert worden, dort stand geschrieben „Zemun". Wir haben dort geschlafen und morgens fanden wir ein bisschen Wasser zum Waschen. Wir sahen zwei Mädchen ohne Gepäck, beide weinten. Sie waren ungefähr 22 Jahre alt, eine war sehr, sehr schön und hat erzählt, dass zwei Männer ihr Gepäck gestohlen haben und dass sie nach Griechenland gehen wollen. Es waren Griechinnen.

Zusammen kamen wir an die Donau und erreichten eine Brücke, aber die war kaputt. Nur mit einem Floß, einer Plattform aus Holz, die an einem langen Seil gezogen wurde, kam man auf die andere Seite des Flusses. An dieser Stelle kontrollierten viele russische Soldaten die Leute, die auf die andere Seite wollten. Nikos wollte eins der Mädchen mitnehmen. Nein, das geht nicht, du kannst sie nicht mitnehmen, sagten wir. Aber er bestand darauf: Ich will dieses Mädchen mitnehmen, ich will dieses Mädchen, ich will dieses Mädchen! Als das Floß wieder anlegte, blieb das Mädchen zurück und weinte. Und Nikos hat auch geweint, er wollte dieses Mädchen.

Auf der anderen Seite der Donau sind wir weitergegangen bis vor Nis. In einem kleinen Dorf haben wir bei einem Bauern gegessen und sind dann weiter nach Skopje. Von Skopje, wo wir geschlafen haben, sind wir früh aufgebrochen und weitergegangen bis nach Monastiri. Dort trafen wir auf griechische Soldaten. Wir glaubten, wir seien schon in Griechenland, aber das war nicht so, die Soldaten gehörten zu den kommunistischen griechischen Verbänden in Jugoslawien. Wir sind dann mit zu ihnen in die Kaserne gegangen, diese Griechen hatten dort viele Pferde.

Pietro hatte bei uns immer das Kommando. Er sagte: „Wir bleiben hier. Wir bleiben, weil unten am Berg die Faschisten sind. Warum wollt ihr zu denen da unten gehen?" Dort blieben wir ungefähr eine Woche. „Geht nicht weg, bleibt hier", sagten sie zu uns. Nein, wir können nicht bleiben. Unsere Gewehre und die Pistole hatten sie uns weggenommen.

In einer Nacht, ungefähr um Mitternacht, sind wir aufgestanden. Drei von den griechischen kommunistischen Soldaten brachten uns auf einem Pferdewagen zur Grenze. Einer lenkte den Wagen und zwei ritten auf ihren Pferden. Sie schossen immer wieder – bam bam bam – mit ihren Pistolen, die ganze Nacht, bis zur Grenze.

Durch Griechenland

Auf der anderen Seite der Grenze kamen griechische Soldaten, die der Regierung unterstellt waren, auf uns zu. Wir erklärten ihnen, wo wir herkamen und dass wir auf dem Weg nach Hause sind. Ein Offizier mit fünf Soldaten ist gekommen und brachte uns in ihre Unterkunft, das war ein kleiner Bunker. Er sagte, wir sollten entlang der Straße nach Florina gehen, das ist eine größere griechische Stadt.

Am nächsten Morgen kam die Grenzkontrolle und fragte, was wir mitbringen. Wir hatten nichts, gar nichts, einen Rucksack und weiter nichts. Sie mussten alles kontrollieren, weil am Tag zuvor zwei Griechen mit einem Sack vorbei wollten, in dem fünf Kilo Feuersteine waren, und ein anderer hatte Pakete mit Gummikondomen im Gepäck, für die Liebe. Nach der Kontrolle kam ein Jeep von der UNRRA, das war eine Organisation, die Verpflegung aus England oder Amerika nach Griechenland brachte, die gaben auch uns etwas zum Essen.

Wir gingen also nach Florina und dort in ein Militärlager. Wir konnten im Bett schlafen und bekamen zu essen. Aber es war wieder ein Lager. Nach zwei Tagen kam ein Jeep von der UNRRA aus Saloniki und die zwei Italiener von unserer Gruppe sind mitgefahren nach Saloniki. Von dort sind sie mit einem italienischen Schiff nach Italien gelangt. Ja, für sie wurde alles gut.

Wir drei blieben noch einige Tage in Florina, dann sind wir abgehauen. Um aus dem Lager zu entkommen, mussten wir unter einem Stacheldraht durchkriechen. Wir gingen zur Hauptstraße, es war Mitternacht und es hat geregnet. Nach zwei oder drei Stunden kam ein Auto voll mit Kartoffeln, in Säcken gestapelt. Das Auto fuhr nicht mit Benzin, sondern besaß einen großen Gasofen, der mit Holz befeuert wurde. So ein Auto fährt ganz ohne Benzin, nicht wie heute. Der Fahrer war ein guter Mann, er war sehr freundlich zu uns. Zu zweit konnten wir im Auto Platz nehmen, jeweils einer durfte arbeiten, das heißt immer Holz nachlegen, damit es Gas gibt und das Auto fährt.

Wir blieben eine Nacht in der griechischen Stadt Kozani, in der alten Garage einer Familie, die der Fahrer des Kartoffeltransporters kannte. Am nächsten Morgen hackten wir Holz, befeuerten den Gasofen und fuhren weiter nach Lamia, wo wir gegen Abend ankamen. Um in Richtung Athen weiterzukommen, musste man in Lamia an einem großen Berg vorbei, der ganz in der Hand von Partisanen war. An einer kaputten Brücke mussten wir anhalten. Ein Kommandant sagte uns, dass zuerst eine Kolonne mit 20 bis 30 Autos, beladen mit Soldaten und Munition, an diesem Berg vorbei müsse. Wir sollten bis zum nächsten Morgen warten und uns dann der Kolonne anschließen.

Aber in der Nacht beschloss unser Kartoffelfahrer wegzufahren. Wir wollten es ihm ausreden: „Warum willst du gehen, du hast die ganzen Soldaten hier, wenn du in deinem Gasofen Feuer machst, dann sehen sie dich, du kannst nicht fahren, es ist verboten!" – „Ich werde ganz langsam wegfahren, dafür wird das Gas noch reichen. Wenn ihr mitkommen wollt, kommt mit, wenn nicht, bleibt hier."

Wir stiegen ein und fuhren ganz langsam etwa 15 Meter, da stand ein Soldat. „Wo wollt ihr hin?" Unser Fahrer sagte, er habe nur noch wenig Gas und brauche mehr Gas, um am nächsten Morgen in der Kolonne mitzufahren. „Bleib lieber hier! Bleib da!"

Aber er fuhr ganz langsam ohne Licht mit uns zusammen weiter und bald waren wir weit weg von dem griechischen Soldaten. Wir fuhren, immer ohne Licht, weit nach oben in die Berge. Ganz oben war ein altes Haus, früher wohl für den Alpinismus genutzt, und dort standen zwei drei Partisanen auf der Straße mit Gewehren. „Halt, halt, anhalten!"

Dann fragten sie: „Georgo, bist du das?" Unser Fahrer hieß Georgos. „Und was sind das für Leute bei dir?", wollten sie wissen. – „Es sind Leute, die in deutscher Kriegsgefangenschaft waren." Wir sind alle vom Auto runter, sie brachten uns zu ihrem Captain in einen Bunker, gaben uns zu essen und zu trinken, Fleisch und Brot und Wein. Dann hat Georgos mit dem Partisanen-Chef gesprochen und der gab ihm Papiere, darin stand, dass er für die Partisanen Sachen nach Athen transportiert.

Der Captain gab ihm Anweisungen: „Unten ist ein Dorf, dort wird viel kontrolliert. Du musst sagen, dass du gestern mit in der Militär-Kolonne warst und dass du kein Gas mehr hattest und zurückbleiben musstest. Und deshalb kommst du erst jetzt ganz langsam alleine hier an, verstehst du?" Das Gleiche sollte er an allen Kontrollpunkten sagen. Wir sind losgefahren, bei den Kontrollen ging alles gut. Jedes Mal erklärte Georgos, dass er am Vortag mit in der Kolonne war, dass das Gas nicht gereicht hatte und dass die drei Jungen ihm geholfen hatten. So hatten wir freie Fahrt nach Athen.

Ankunft zuhause in Athen

Takis: Mitten in der Nacht kamen wir in Athen an. Nicht weit vom Zentrum, beim Omonia-Platz, suchten wir ein Telefon. Wir hatten kein Telefon zuhause, aber Onkel Bardi, der Bruder meiner Mutter, der in der gleichen Straße wohnte, hatte Telefon. Pietro rief ihn an und sagte: „Ich komme aus Deutschland, ich habe Pietro, Nikos und Takis gesehen, es geht ihnen gut. Ich möchte ihre Mutter sprechen." Meine Mutter wurde ans Telefon geholt und wieder sagte Pietro: „Ich habe die drei Jungen gesehen, es ist alles gut, sie sind unterwegs und kommen vielleicht morgen an." Meine Mutter bat: „Kommen Sie bitte gleich her, nehmen

Sie ein Taxi zu meinem Haus, erzählen sie uns etwas von den Jungen."
Und Pietro fragte sie noch nach der Adresse.

Wir nahmen ein Taxi, ohne Geld zu haben, und fuhren 20 Minuten bis nach Hause. Dort waren meine Mutter, meine Großmutter, die Mutter meines Vaters und zehn Cousinen, alle waren da und warteten. Zu dritt traten wir ein. Meine Mutter wäre vor Freude fast gestorben. Sie wäre mit Sicherheit gestorben, wenn wir sie nicht durch den Telefonanruf wenigstens ein bisschen vorbereitet hätten, wenn wir einfach an der Haustür geklingelt hätten.

Eine ganze Woche blieben wir bei unserer Mutter. Wir schliefen, eine Woche lang schliefen wir immerzu. Sie kam immer hoch, um nach uns zu sehen. Und zum Weinen. Unsere Mutter konnte noch immer nicht recht glauben, dass alle ihre drei Kinder zurückgekommen waren. – Ja, das verdankten wir deiner Mutter Edeltraut! (Takis schluchzt.) Sie ist in meinem Blut, kannst du das verstehen? Edeltraut. Mein Vater war nicht da, er wohnte im Haus eines Onkels im Zentrum von Athen, in Kolonaki. Erst als wir uns nach unserem Marsch von Teplice nach Athen ausgeschlafen hatten, besuchten wir auch unseren Vater.

Nach dem Krieg sollten alle Italiener weg aus Athen, raus aus Griechenland. Nach zwei Wochen hat Pietro zu Nikos gesagt: „Die griechische Regierung will uns aus Griechenland rausschmeißen, dich und mich. Warum? Weil wir im Krieg als italienische Soldaten in Griechenland waren, Takis nicht." „Geh nicht raus aus dem Haus", sagte er zu Nikos, „bleib zu Hause. Vielleicht kommt morgen die Polizei."

Deportation der Italiener aus Griechenland

Takis: Pietro hatte einen Freund, dessen Bruder war beim englischen Militär, bei der Luftwaffe. Deshalb konnte er mit einem englischen Militärflugzeug nach Italien ausfliegen. Etwa zwei Wochen später ist Nikos aus dem Haus gegangen und die Polizei hat ihn festgenommen und zum alten Flugplatz gebracht. Auf dem alten Flugplatz von Faliro hatten die Engländer ein Lager eingerichtet, so etwas wie ein Gefängnis. Alle Deutschen, Italiener und andere Nationalitäten wurden dort interniert. Ich war nicht da, als sie Nikos verhaftet hatten, und bin zur Polizei gegangen und habe sie nach meinem Bruder gefragt. Sie sagten: „Er ist auf dem alten Flugplatz, dort wird alles untersucht und kontrolliert. Alle, die gegen uns gekämpft haben, werden wir aus Griechenland rausschmeißen."

Ich nahm mein neues Fahrrad, ein Bauer war das, ein deutsches Fahrrad, und fuhr nach Faliro. Dort sah ich Nikos unter Bewachung mit vielen anderen Leuten. Ich hab ihn gefragt, ob er was zu essen hat. Nein, sie hatten nichts zu essen bekommen. Ich sagte, ich würde ihm an nächsten Tag etwas bringen. Dreimal habe ich Nikos Essenspakete ins Lager von Faliro gebracht. Beim vierten Mal war Nikos weg. Er sei in Piräus, sagten mir Leute, an einem von der Polizei kontrollierten Platz, von wo aus die Leute aus Griechenland ausgewiesen werden. Mit dem Fahrrad fuhr ich direkt nach Piräus. Ich fand Niko dort und gab ihm das mitgebrachte Essen. „Morgen früh bringen sie uns alle auf einem

---

Nach dem Abzug der deutschen Truppen aus Griechenland im Oktober 1944 wurde das Land durch eine Geheimvereinbarung zwischen Churchill und Stalin der britischen Einflusssphäre auf dem Balkan zugeteilt. Seit Jahren gab es innergriechische Spannungen und Kämpfe zwischen rechten und linken Verbänden. Die Briten unterstützten die rechtsgerichtete griechische Regierung im Kampf gegen die Linke, vor allem vertreten durch die kommunistische Widerstandsbewegung ELAS. Sie schickten Truppen und leisteten Wirtschaftshilfe.

italienischen Schiff nach Italien." Am nächsten Tag fuhr ich wieder nach Piräus – Nikos war fort.

Von Italien, von Turin aus hat Nikos angerufen. In Turin war er wieder in einem Lager für Leute, die aus dem Ausland nach Italien zurückgeführt wurden. Später ist er dann in Turin geblieben und hat dort bei G-Italia, einer Firma von Fiat, gearbeitet. Die produzierten Renn-Autos. Zwei, drei Mal habe ich mit Nikos telefoniert, bei ihm war nun alles gut.

Pietro war in Rom bei Angelo Dolcetti. Der Bruder meines Großvaters, der in Venedig lebte, hatte zwei Enkel, einer war in Venedig geblieben und der andere lebte in Rom. Zu ihm ist Pietro gegangen. Mein Cousin Angelo war verheiratet mit Gina, er war ein sehr musikalischer Mann, der viele Musikinstrumente spielen konnte, Klavier, Gitarre, Saxofon und viele mehr. Pietro arbeitete in Rom für die Universität in einem Büro, in der Studentenverwaltung, gewohnt hat er bei meinem Cousin. Das alles hatte mein Vater organisiert. Er hatte kein Problem, in Griechenland zu bleiben, er wurde nicht ausgewiesen, nur diese zwei Jungen.

Mein Vater hatte einen Freund, der war Direktor in einem Ministerium zur Sicherung von Antiquitäten und Altertümern in Athen. Der befasste sich mit den Antiquitäten, die die Italiener aus dem Museum gestohlen hatten. Weil sich die Rückgabe immer wieder verzögerte, wollte er nun selbst nach Italien reisen. Mein Vater bat ihn, sich in Rom mit Pietro zu treffen, und gab ihm seine Adresse. Der Direktor brauchte einen Dolmetscher, er konnte kein Italienisch, und Pietro half ihm beim Übersetzen vom Italienischen ins Griechische. Der Direktor hat die gestohlenen Antiquitäten gefunden, Pietro hat ihm dabei geholfen.

Als sie alle Formalitäten erledigt hatten, fragte Pedro, warum sie aus Griechenland ausgewiesen wurden. „Wir sind in Griechenland geboren, wir haben nichts verbrochen. Wo wir gewohnt haben, sind wir nie in italienischer Uniform aufgetaucht, wir trugen immer zivile Kleidung.

Niemand dort hat uns jemals in italienischer Uniform gesehen". Der Mann versprach Pietro, sich in Athen um die Angelegenheit zu kümmern, die Unterlagen einzusehen. In Athen hat er sich dann mit meinem Vater getroffen und Grüße von Pietro ausgerichtet.

Einen Monat später sagte der Direktor meinem Vater, dass Pietro nach Griechenland zurückkommen könne. „Und wenn die Polizei kommt?" – „Dann kommt ihr zu mir in mein Büro", hat er geantwortet. Der Vater hat telefoniert, Pietro kam, aber die Polizei hat ihn am Flugplatz gestoppt und befragt, warum er zurückgekommen sei. Er erklärte

Pietro und Takis in Venedig 1948

es ihnen und sie brachten ihn in dieses Ministerium zu dem Direktor. Der hatte seine Unterlagen und die von Nikos vorliegen und darin stand, dass Nikos spioniert habe. „Was soll er gemacht haben? Er hat nichts gemacht! Spionage? Das haben sie hier einfach so hingeschrieben. Wer hat das unterschrieben? Wer hat das angezeigt?" wollte Pietro wissen.

Es war Nikolos Ifsimiou Bardi, der Bruder meiner Mutter, der angegeben hatte, Nikos sei in einer Abteilung des englischen Spionage-Service gewesen. Das stimmte doch nicht, eine Dummheit war das, was Nikolos Ifsimiou Bardi da behauptet hatte. Der Direktor sagte, er würde diesen Teil aus der Akte herausnehmen. Von diesem Moment an seien wir frei und auch Nikos könne nach Griechenland zurückkommen und da bleiben. Der Direktor hat das alles dann tatsächlich so gemacht und meine beiden Brüder konnten bleiben.

Kapitel 8
Neuanfänge nach dem Krieg

Pietro heiratet

Takis: Pietro ist eine Woche bei uns geblieben und ging dann wieder zurück nach Italien. Mein Vater und ich begannen damit, eine Fabrik für Stoffe aufzubauen. Eine Stoff-Fabrik in Nea Ionia, wo Zoi herstammt, meine Frau.

Pietro hat in Rom an der Universität studiert und ist kurz vor Weihnachten zum Urlaub nach Athen gekommen. Wir hatten ein kleines Auto, einen Morris Minor mit der Nummer 130. Damit fuhr er mit meinem Cousin Kiki nach oben in die Berge von Parnisa, hier bei Athen. In Parnisa waren sie in einem kleinen Ski-Hotel. Dort waren Freunde, eine Gruppe mit zehn Personen. Pietro kannte eins der Mädchen, Kiria, sie war mit ihrem Bruder Marco und einigen Cousins dort oben. Diese Familie hatte im Hafen von Piräus die Schlepper, also Schiffe, die andre Schiffe transportieren. Kiria Niciforu wohnte in Italien, in Ligurien, und mit diesem Mädchen war Pietro befreundet. Ihr Bruder Marco ist so alt wie ich, 1926 geboren, Kiria war zwei Jahre jünger.

Pietro ist dann wieder nach Rom und von dort nach Ligurien gegangen und hat Kiria geheiratet. Die Welt ist so klein. Die Welt ist sehr klein. Warum erzähle ich das in diesem Moment? Deshalb, pass auf:

Als mein Vater jung und noch nicht verheiratet war, fuhr er als Kapitän ein großes Segelschiff zum Holztransport. Einmal segelte er nach Rumänien, nahm Holz auf und transportierte es nach Piräus. Ein anderes Schiff aus Genua transportierte mal Knochen, mal Holz. Auf Deck wurde das Holz mit Eisenketten festgemacht, damit man bei sehr schlechtem Wetter die Taue durchschneiden konnte. Einmal wurde der Kapitän, der Gulla hieß, von einer Eisenkette verletzt. In Piräus hat mein

Vater geholfen, ihn in einem Sack zur Operation ins Krankenhaus zu bringen und er hat auch Geld für die Operation im Krankenhaus hinterlassen.

Der Kapitän und sein Sohn waren von der Insel Chios. In Piräus gab es ist ein Café, wo sich Seeleute von der Insel Chios gern trafen. Dort fand mein Vater den Sohn des Kapitäns und sagte ihm, dass er seinen Vater ins Krankenhaus gebracht und für die Operation Geld hinterlegt habe. Der Junge fuhr nach Chios, holte seine Mutter und ging mit ihr ins Krankenhaus. Dem Vater ging es schon wieder gut, er kam bald nach Hause.

Ich habe gesagt, die Welt ist klein. Durch seine Heirat mit Kiria bekam Pietro als Schwiegervater den Senior Gulla, das war der Sohn von dem Mann aus Chios, dem mein Vater in Piräus im Krankenhaus geholfen hatte. Nun hatten sich die Tochter dieses Sohns und der Sohn des Helfers getroffen, verstehst du? Diese zwei jungen Leute gründeten eine Familie. Kiria Niciforus wurde die Frau von Pietro.

Das war 1952, als ich angefangen hatte, mit meinem Vater die Fabrik aufzubauen. Nikos war in Italien, und dort traf mein Vater den Vater von Kiria. Verstehst du, so viele Jahre waren vergangen und sie erkannten sich nicht einmal. Die Welt ist so klein. Diese Familie Niciforus hatte ein großes Transportschiff in Piräus, das lag aber an der Kette, unter Kontrolle der Stadt. Pietro wollte mithilfe der Politik, durch den Freund seines Vaters im Ministerium, das Schiff frei bekommen. Ich arbeitete weiter mit meinem Vater in der Stoff-Fabrik. Gleichzeitig bauten wir eine neue, größere Fabrik auf. Als Nikos aus Italien zurückkam, stieg auch er in die Firma ein und wir arbeiteten zu dritt zusammen.

Die Zeit verging, wir gaben die kleine ältere Fabrik an Pietro und Marco ab. Marco war Pietros Schwager, ein Bruder von Kiria. Aber sie brauchten Geld. Also verkaufte Pietro diese Fabrik mit allen Maschinen und mit dem Geld lösten sie das an der Kette liegende Schiff aus. Pietro lebte in Italien, in Bordighera in Ligurien mit seiner Frau, deren Bruder Marco und seinem Schwiegervater. Mein Vater war sehr böse auf Pietro, weil er ihm nicht gesagt hatte, dass er die Fabrik verkaufen wollte, weil er sie einfach verkauft hatte, ohne ihn zu fragen.

Ein neues Projekt: Gewächshäuser

In unserer neuen Fabrik stellten wir feine Stoffe in guter Qualität für Männeranzüge her. Das war eine sehr gute Firma, sie hieß Jackson. Eines Tages sagte Pietro mir: „Komm nach Italien, ich kenne hier einen jungen Deutschen, der hat ein großes Gewächshaus. Das ist die Nummer eins an der Riviera." Der Name war Bock, Familie Bock aus Bremen. Vater und Sohn betrieben diese große Firma, sie zogen Pflanzen und Blumen. Der Sohn schlug Pietro vor, das Gleiche zu machen wie er, er würde ihm dabei helfen, ein Gewächshaus zu bauen. Dann würde er ihm die Produktion abnehmen und in Deutschland vertreiben. Pietro hat das gemacht, er kaufte Land für ein Gewächshaus in Perinaldo oberhalb von Bordighera, in den Bergen, und ich sollte

Pietro und Pietro und Takis

mitmachen. Mein Vater wollte nicht, dass ich weggehe, aber ich ging nach Italien. Ich habe ein Gewächshaus aus Glas gebaut, so ca. 1200 Quadratmeter groß.

Ich wohnte nun in Italien, aber an Weihnachten und Ostern fuhr ich immer nach Hause. Pietro hatte inzwischen zwei Schiffe und er hat viel dafür gearbeitet. Eines Tages waren die Schiffe verkauft, die Familie Niciforus hatte sie verkauft, ohne Pietro etwas davon zu sagen. Vom Verkaufserlös erhielt er nichts. Das Geld hätte er aber gebraucht, um den Bankkredit zurückzuzahlen, den er aufgenommen hatte, damit das Schiff in Piräus von der Kette kam. Pietro war total verärgert, er hatte dieser Familie viel gegeben, hatte ihnen sehr geholfen. Aber von nun an wollte er nichts mehr mit dieser Familie zu tun haben. „Gehen wir zurück nach Griechenland", hat er zu mir gesagt, „dort bauen wir ein neues Gewächshaus." Er hat sein Gewächshaus in Prenaldo verkauft und seine Frau und deren Familie verlassen.

Die Gewächshäuser

Zurück in Athen kauften wir 60.000 Quadratmeter Land, um hier ein neues Gewächshaus zu bauen. Unser Vater hat das Geld gegeben. Zusammen haben wir angefangen, den Betrieb aufzubauen. Pietros Frau ist einmal hergekommen und wieder nach Italien zurückgegangen. Dann kam sie wieder und nahm hier eine Wohnung, in Maroussi, nicht weit von unserem Haus. Sie wollte mit Pietro zusammenbleiben, wollte weg von ihrem Vater und Bruder.

Wir bauten weiter an diesen Gewächshäusern, es war eine große Konstruktion mit 30.000 Quadratmetern. Das Material dafür kam aus Italien und ich habe alles montiert. Wir arbeiteten viel. Wir fingen mit der Produktion von Rosen an und fast alle Rosen exportierten wir nach Deutschland. Weiße Rosen aus Athen... Ich kannte einen deutschen Popen in Amarusio, der war Evangelist und kannte einen Deutschen, der Blumen importierte. Mit dem schloss ich in seinem Büro in Deutschland einen Vertrag.

Feierliche Einweihung der neuen Gewächshäuser 1980

109

Am 5. Oktober 1980 eröffneten wir den Betrieb. Viele Leute waren bei der Eröffnung dabei. Und am 27. Januar 1981 fielen zwei Meter Schnee innerhalb von fünf Stunden. Die Glasdächer der Gewächshäuser hielten die Schneelast nicht aus, alle Glasdächer brachen in sich zusammen. In einer einzigen Nacht war der ganze Betrieb kaputt. Das investierte Geld – zwanzig Millionen Drachmen – in einer Nacht war es weg. Damals war ich allein im Betrieb. Nach drei Tagen kam Pietro mit seinem Maserati und sagte zu mir: „Nicht weinen, weine nicht, jetzt bauen wir neue Gewächshäuser, größere."

Ich dachte, Pietro ist verrückt, er hat den Kopf verloren. Wir haben nichts, um Brot zu kaufen. Aber Pietro kannte viele Leute, er hatte viele Freunde in der Politik. Als der Betrieb noch funktioniert hatte, gab mir Pietro öfter Rosensträuße mit Adressen und ich fuhr sie zwei, dreimal in der Woche im Taxi aus. Rosen für den einen Minister, Rosen für andere Minister, immer Rosen für zehn bis zwölf Personen.

Pietro sagte immer wieder, ich solle nicht jammern. „Wir machen jetzt 60.000 Quadratmeter", sagte er, „hab keine Angst". Er hatte wirklich den Kopf verloren. Seine Freunde, alle diese Leute aus der Politik, haben wir nicht mehr gesehen. Plötzlich kannten sie Pietro nicht mehr. Weg waren die Rosen, weg waren die Freunde. Pietro sagte: „Keine Angst, ich habe einen Freund, der hat jetzt keine politische Funktion, aber nach der kommenden Wahl wird er mitregieren, alles geht klar, also kein Problem." Die Wahl war vorüber und alle seine Freunde haben verloren. Diese Leute hatten nichts mehr, nicht mal mehr ein Telefon.

Wir hatten für die Gewächshäuser von der Agrarbank Geld aufgenommen. Zwanzig Millionen für 15 Jahre. Jedes Jahr wollten wir saubere fünf Millionen verdienen, damit hatten wir kalkuliert. Also kein Problem, und so sah es auch die Bank. Aber nun war der Betrieb schon im ersten Jahr zerstört, in einer Nacht war alles vorbei, aber der Kredit musste von Anfang an zurückbezahlt werden.

Pietro hatte bei der Kreditaufnahme einen großen Fehler gemacht, er bürgte mit den 60.000 Quadratmetern Land von unserem Betrieb.

Und außerdem mit 32.000 Quadratmetern Land in Arnadiso, das den Eltern und Großeltern gehörte, und mit einem Geschäft mit Personal in der 1. Zentralstraße in Athen, mit 900 Quadratmetern, das zwei Millionen im Monat einbrachte. Wir anderen und Zoi wollten bei der Kreditaufnahme das Geschäft nicht mit in die Papiere aufnehmen. Aber Pietro hat schlecht verhandelt. Die Bank wollte den Kredit für den Betrieb nur bewilligen, wenn auch das Geschäft mit verbürgt wird. Pietro hat den Kreditvertrag unterschrieben. Als der Schnee alles Glas zerstört hatte und der Betrieb nicht weitermachen konnte, hat uns die Bank die 60.000 Quadratmeter unseres Betriebs und die 32.000 Quadratmeter von meinen Eltern und auch das Geschäft in Athen weggenommen und wir waren ohne Brot. Pietro ist nach Kreta gegangen. Dort hatte er einen Freund, der ein großes Hotel besaß. Da blieb er und dort traf er Maria.

Als ich deinen Brief bekommen hatte, in dem du nach der Familie Dolcetti gesucht hast, habe ich mit Nikos darüber gesprochen. Ich bat einen Freund, der nach Kreta fuhr, diesen Brief mitzunehmen und Pietro persönlich auszuhändigen. Als er zurückkam, fragte ich ihn, ob er Pietro den Brief persönlich übergeben hat. Ja, das hatte er.

Takis' Bericht endet in den 1980er Jahren. Jetzt ein Sprung in die Gegenwart und ich komme wieder ins Spiel: Mein Brief, mit dem ich die späte Suche begann, ist bei meinem Onkel Takis gelandet, er hat mit meinem Onkel Nikos darüber gesprochen und sie sind übereingekommen, dass dieser Brief dem Gesuchten, Pietro Dolcetti, überbracht werden sollte. Pietro hat den Brief erhalten und gelesen, aber er hat nicht darauf reagiert. Warum nicht? Kann ich noch etwas darüber erfahren, was in ihm vorgegangen ist? Was war der Grund, warum er mich nicht kennenlernen wollte? Takis ist der Einzige, der mir Auskunft geben kann.

Kapitel 8
Was für ein Mensch war mein Vater?

Pietro Dolcetti

Peter: Damals habe ich einige Zeit später noch einen zweiten Brief verschickt. Den hast du auch bekommen?

Takis: Ja, auch über deinen zweiten Brief habe ich mit Nikos gesprochen. Ich habe gesagt: „Das ist der Sohn von Pietro und Traudel. Er sucht seinen Vater." Nikos hatte die beiden Briefe auch bekommen. Ich erinnerte mich an ein Gespräch mit Pietro damals vor vielen Jahren, als ich noch mit ihm den Betrieb hatte. „Pass auf", hatte Pietro zu mir gesagt, „es kann sein, dass Traudel mich sucht. Wenn sie kommt und nach mir fragt, darfst du nichts sagen. Du weißt nichts von mir." – „Warum soll ich ihr nichts sagen?" –

„Du darfst ihr nichts sagen." Von diesem Gespräch wusste Nikos nichts. Ich sagte ihm nur, dass Pietro den zweiten Brief bekommen hat und dass er keinen Kontakt will. Aber ich fand, dass wir es dir trotzdem sagen müssen, dass wir die Familie sind, nach der du suchst. Nikos hat nicht Ja und nicht Nein gesagt. Daraufhin habe ich dir dann geschrieben.

Peter: Nein, Giacomo hat mir geschrieben.

Takis: Wer? Giacomo? Das weiß ich nicht. Was hat er denn geschrieben?

Peter: Giacomo hat geschrieben: Wir sind die Familie, aber wir können Dir nicht helfen, wir wissen von Deinem Vater nichts, aber wir würden uns über einen Kontakt freuen.

Takis: Das wusste ich nicht!

Peter: Und daraufhin habe ich mich, als wir wieder in Griechenland waren, mit Giacomo und Maritina in Athen auf dem Lykavitos Berg getroffen. Erika aus Koroni war als Dolmetscherin dabei. Wir haben uns unterhalten und dort habe ich erfahren, dass mein Vater noch lebt. Aber sie sagten, sie könnten mir nicht weiterhelfen, sie wüssten selbst nicht, wo er ist. Aber es gebe noch einen Onkel, den ich anrufen könne, den Takis.

Takis: Von deinem Treffen mit Giacomo wusste ich nichts.

Peter: Vielleicht hat Nikos zu Giacomo gesagt, dass er mir schreiben soll.

Takis: Ja, und du hast dann mit mir telefoniert.

Peter: Genau. Ich habe dich sofort angerufen, als wir aus Athen zurück in Koroni waren.

Takis: Ja, und du hast mir gesagt, wenn du wieder nach Griechenland kommst, dann wirst du mich in meinem Haus in Rafina besuchen. An einem Sonntag bist du gekommen, am Nachmittag. Ich habe alle Familienmitglieder eingeladen und alle kamen das erste Mal hier in Rafina zusammen; Nikos mit seiner Frau Maria, Giacomo mit Maritina und ihren Kindern Calliope und Maria Luisa, Dimitri und

Katerina mit ihren Kindern Marina und Myrto und ich mit Zoi, Pedro und Maria. Und deine Frau Marianne war dabei. Ja, und dann hast du mir gesagt, vor deinem nächsten Urlaub in Koroni soll ich dich in Deutschland besuchen und später mit euch nach Athen zurückfahren. Wir könnten von Deutschland aus zusammen nach Tschechien fahren, um zu schauen, wo das Haus deiner Großeltern war, die Wohnung von Traudel, die Baumwollspinnerei, das Lager Ullersdorf und das Gefängnis. Wir könnten dorthin fahren, wo Traudel mit Pietro gelebt hat und wo sie uns gerettet hat.

Peter: Und dann bist du tatsächlich nach Hameln gekommen und wir sind zusammen für ein paar Tage nach Tschechien gefahren. Wir haben alle diese Orte gefunden und aufgesucht.

Takis: Und in Hameln auf einer Party bei dir zu Hause hat dein Freund, der Italiener, wie hieß der?

Peter: Leandro.

Takis: Ja, der hat mir gegenüber behauptet, dass ich die Adresse von meinem Bruder kenne. Ich habe ihm gesagt, dass ich sie nicht kenne. Aber ich wusste, wie ich sie herausbekommen kann. Ich hatte nämlich einen Cousin, Nanett, er ist schon gestorben, von dem wusste ich, dass er jede Woche eine griechische Zeitung nach Deutschland schickt, zu Pietro. Pietro hat immer wieder einen Freund in Cecina besucht und dieser kam auch bei Nanett in Milano vorbei. Nanett kannte auch Maria, bei der Pietro wohnte. Ich wollte Nanett besuchen und von ihm die Adresse erfahren.

Peter: Das klingt ja sehr kompliziert. Und du hattest wirklich keinen Kontakt zu Pietro?

Takis: Ich hatte keinen Kontakt. Aber in einem Dorf fünfzig Kilometer von Athen hatten Pietro und ich einem Jungen, als dieser ganz klein war, seinen Namen gegeben, wir waren seine Paten. Zweimal hat mir dieser Junge erzählt, dass Pietro ihn angerufen hat. Nicht mich hat er angerufen, nur diesen Jungen dort im Dorf. Ihm hat Pietro gesagt, dass er krank ist, dass er Krebs hat. Das wusste ich also.

Dann ist mein Cousin aus Milano gekommen und beim Essen hat er mich gefragt, ob ich Pietro in Deutschland anrufen will. Ja, hab ich gesagt. Zuerst hat er mit Maria und mit Pietro gesprochen, dann hat er zu Pietro gesagt: „Ich bin im Haus von Takis, wenn du willst, kannst du jetzt mit Takis sprechen." Er gab mir das Telefon und ich habe zu Pietro gesagt: „Du bist ein Esel. Du hast mich nicht einmal angerufen, du hast nicht gefragt, wie es Maria geht, wie es Pedro geht und den Kindern von Nikos. Du bist doch ihr Taufpate, Maria ist deine Nichte. Die Kinder haben dich nicht interessiert, wir haben dich nicht interessiert."

Pietro hat gelacht. „Ja, wie geht's denn so, gut?" Und dann hat er mir gute Nacht gesagt und noch ein bisschen mit Zoi geredet. Nach dem Telefongespräch hat mir mein Cousin die Adresse und die Telefonnummer gegeben, damit ich ihm schreiben kann. Am nächsten Tag habe ich dich angerufen und sie dir weitergegeben.

Peter: Ja, und du hast gesagt: Nicht telefonieren, geh direkt hin. Warum?

Takis: Pietro hatte deine beiden Briefe bekommen, aber er hat sich nicht gemeldet. Er wollte von der Sache nichts hören.

Peter: Aber warum nicht?

Takis: So war das eben mit Pietro. Ich hatte nicht geglaubt, dass er krank ist. Einmal habe ich versucht, ihn anzurufen, aber es hat niemand abgenommen. Eines Tages hat Maria mich angerufen und mir gesagt, dass es Pietro sehr schlecht geht. Sie fragte, ob ich ihn besuchen könne, und ich habe ihr gesagt, dass ich komme. Daraufhin bin ich mit dem Zug nach Kandern gefahren. Maria hat mich abgeholt und wir sind direkt ins Krankenhaus, in dem Pietro lag. Ich wusste, was er gerne aß, Kokoretsi, davon hatte ich ihm viel mitgebracht. Er blieb noch zwei Tage im Krankenhaus und am dritten Tag kam er nach Hause. Einen Tag später kam der Arzt zur Kontrolle und Maria hat mir gesagt, dass es sehr schlecht steht. Es waren die letzten Tage.

Peter: Da hatte ich ihn aber schon besucht?

Takis: Ja, du warst schon da gewesen, ja, natürlich. Von dir hatte ich ja auch die meisten Informationen über Pietro. Eines Abends saßen wir in der Küche beim Essen. Pietro hatten wir Essen ans Bett gebracht, er wollte nicht mehr aufstehen. Da hörten wir auf einmal - bum - ein Geräusch. Wir sind ganz schnell hingelaufen. Er war in der Toilette auf den Boden gefallen. Wir hoben ihn auf und brachten ihn wieder in sein

Das Grab meines Vaters in Kandern

Bett. Ich bin noch zwei Tage dort geblieben, dann musste ich wegen wichtiger Papiere nach Turin.

Pietro sagte zu mir: „Ich will etwas von dir. Wenn ich wieder gesund bin und zu meinem Freund in die Toskana gehe, dann bring mir ein paar Bäume, bring mir zehn Aprikosenbäume in die Toskana." – „Ja ja", habe ich gesagt, „die bring ich dir." Am nächsten Tag hat Maria angerufen. „Pietro ist tot", sagte sie. Das war alles. Er hatte Glück, dass er an seinen letzten Tagen diese Frau an seiner Seite hatte. Sie hat meinem Bruder sehr geholfen.

Peter: Ich war in Kandern zur Beerdigung und konnte mich von meinem Vater verabschieden.

Eine Frage habe ich noch: Als ihr damals diesen Crash mit dem Gewächshaus hattet und Pietro nach Kreta abgehauen ist, wie habt ihr das finanziell gemacht? Die Bank hat euch doch alles weggenommen?

Takis: Alles hatte die Bank genommen, alles war weg. Die von der Bank haben mehrmals gesagt, wir sollten kommen, um zu besprechen, wie es weitergehen könnte. Aber Pietro ist nicht hingegangen, und er wollte auch nicht, dass ich hingehe. Er habe Freunde in der Politik, sagte er, alles werde in Ordnung gehen, wir würden Geld bekommen. Und dann waren alle Freunde weg!

Peter: Also die Bank hat euch alles weggenommen. Musstet ihr auch noch etwas draufzahlen?

Takis: Nein. Vielleicht hätten wir wieder Geld aufnehmen können, aber mein Bruder ließ mich nicht zur Bank gehen, nie. Seine Freunde aus der Politik würden kommen und helfen, sagte er immer wieder. Aber nichts. Die waren alle weg, die Politiker. Freunde hatten wir viele, als das Geschäft in Ordnung war, als das Geschäft weg war, waren alle diese sogenannten Freunde auch weg. Pietro hatte früher jeden Sonntag im Dorf am Meer mindestens zehn Freunde ins Restaurant zum Fischessen eingeladen, verstehst du, so so so... Mit Maserati, so viele Leute. Jetzt in der Not waren alle weg. Nach Kolonaki gingen Leute mit viel Geld, diese Leute gingen so, schau. Mein Cousin und Pietro auch.

Peter: Die Nase hoch, hochnäsig?

Takis: Ja, Nase hoch. Du hast nicht viel gekriegt von mir. Schade. Ich hätte dir mehr geben müssen, aber jetzt ist es zu spät. Ich bin jetzt alt. Früher hätte ich dir etwas geben müssen. Es war zu wenig…

Takis hat mir viel gegeben, indem er mir die Geschichte der drei Brüder Dolcetti erzählt hat. Der finanzielle Crash war wohl die Ursache dafür, dass es keine Kontakte mehr zu Pietro gab und die Familie auch keinen Kontakt mehr zu ihm wollte. Daher konnten sie mir bei meinen ersten Fragen nach der Adresse auch nicht behilflich sein. War mein Vater immer so unzugänglich, so stur?

Takis: Wenn Pietro zu uns nach Hause kam, sagten wir immer „Ciao, guten Morgen", aber er hat uns nicht begrüßt. Er fragte auch nicht, wie es uns geht, nichts. Mein Vater hat immer gesagt: „Pssssst... aufpassen, nicht sprechen, der Präsident ist gekommen." Pietro hat gelacht. Beim Essen hat er nicht gesprochen. Mein Vater hat immer gesagt: „Herr Präsident, schmeckt das Essen gut, das deine Mutter gekocht hat?" Er hat nur kurz mit dem Kopf genickt. So war das immer.

Einmal kam Pietro mit dem Maserati, wir haben Kaffee getrunken und wollten in sein Büro, damals hatten wir noch das Gewächshaus. Er wollte, dass ich den Maserati fahre. Wir sprachen über die Arbeit, bis wir in seinem Büro ankamen. Dort hielt ich das Auto an, er stieg aus und ich unterhielt mich mit dem Straßenfeger der Stadt, mit Baba Georgio, und gab ihm eine Zigarette. Pietro hat das gesehen. Als ich in sein Büro kam, saß er bereits an seinem Schreibtisch. Ich wollte das Gespräch über die Arbeit fortsetzen. Erst sprach er gar nicht, dann ist er aufgestanden und hat zu mir gesagt: „Wenn du mit mir unterwegs bist, musst du aufpassen, mit welchen Leuten du sprichst." Ich habe nicht geantwortet und er hat wiederholt: „Aufpassen musst du, wenn du mit mir unterwegs bist." Ich hatte verstanden, was er meinte. Dass ich mit Baba Georgio gesprochen hatte, war ihm nicht recht. Und ich habe gesagt: „Das ist scheiße, ich gehe weg, lass mich in Ruh." So war Pietro.

Oft sagte meine Mutter zu ihm, wenn er bei uns zu Hause vorbeikam und nicht einmal guten Tag sagte: „Du bist ein Anderer, nicht wie Takis und Nikos." Als wir klein waren, fuhren wir oft mit Mutter und Großmutter nach Loutraki bei Korinthos zum Baden und um gesundes Mineralwasser zu trinken. Pietro ging mit mir zu einem Platz, wo warmes Wasser aus dem Berg in einen kleinen Badesee und von dort ins Meer fließt. Dort kletterten wir an einer alten Eisenleiter circa zehn Meter hinauf und standen dann auf einem kleinen Felsvorsprung. Der See war zwanzig bis dreißig Meter tief, ich konnte noch nicht schwimmen und Pietro gab mir einen Schubs. Aus zehn Meter Höhe landeten wir im See, Pietro hielt meinen Kopf über Wasser und half mir. Von diesem Moment an konnte ich schwimmen und wir sind oft dort hin zum Baden gegangen. Ha ha, das war eine schnelle Methode zum Schwimmen lernen.

Der Ausflugsplatz in Marussi

119

Ja, so war Pietro. Er konnte Dinge vorschlagen, Dinge planen, eine neue Konstruktion, eine neue Arbeit, darin war er sehr gut. Aber praktisch etwas durchzuführen, vom Anfang bis zum Ende, das lag ihm überhaupt nicht, das ging oft schief, war oft scheiße. (Takis lacht.)

Peter: Also im Theoretischen war er gut. Vielleicht wären die Gewächshäuser nicht kaputt gegangen, wenn der Abstand der Glasträger nicht 16 Meter von einer Seite zur anderen betragen hätte?

Takis: Aber Pietro wollte es so. Warum 16 Meter? 8 Meter oder 10 Meter, nicht 16 Meter, hatte ich ihm gesagt. Doch, 16 Meter, meinte er, denn dann bräuchten wir weniger Eisenträger. Die Last von dem vielen Schnee, verstehst du, die war zu schwer für die 16 Meter Abstand, alle Glasdächer brachen zusammen. Ich hatte von Anadisho aus Italien einen Konstruktionsplan für 3000 qm mit 10 Metern Spannweite mitgebracht. Diese Konstruktion hätte der gleichen Schneelast standgehalten, das Glas wäre nicht zerbrochen. Kaputt gegangen ist alles, was eine Spannweite von 16 Metern hatte. Aber diese Erkenntnis kam für Pietro zu spät.

Einmal, als Pietro Fieber hatte, hat er mich gefragt, ob ich noch alle Bücher und Verträge von unserem Betrieb habe. Ich hatte alles weggeschmissen. Warum sollte ich die Bücher aufheben? Weil wir vielleicht eines Tages noch Geld bekommen, sagte Pietro mit fiebrigem Kopf. Immer begann er eine Arbeit, fing etwas Neues an, konnte es aber meistens nicht beenden, er konnte nichts richtig fertig machen. Meistens hörte er mittendrin auf. Ja so war das. Mag sein, dass er vieles schlecht gemacht hat. Aber das Blut ist das Blut, es geht nicht anders. Also bin ich zu ihm hingefahren. Bei meinem letzten Besuch sagte er: „Ich habe nicht geglaubt, dass du hierher kommen wirst, Kandern ist so weit entfernt, so viele Kilometer." Ich habe ihm gesagt, dass ich kein Problem mit den Kilometern habe. Pietro hat ein bisschen geweint.

Ich spreche mit meinem Herzen und ich versuche, gut zu sein zu meinem Herzen. Gut zu sein mit mir. Und wenn ich gut mit mir bin, dann geht es allen gut. Pietro war nicht gut mit seinem Herzen, verstehst du. War immer - ach, spielt keine Rolle. Es spielt heute keine Rolle mehr! Früher, als ich Blumen an Geschäfte verkaufte, zum Beispiel 20 Rosen für 2000 Drachmen, habe ich nur 1500 Drachmen verlangt, also 500 weniger, wenn sie nicht alle Rosen am nächsten Tag verkaufen konnten. Wenn der Blumenverkäufer kam und sagte, dass er heute keine 1500 Drachmen bezahlen kann, sondern nur 1300, habe ich gesagt: Ich kenne diese armen Leute, bezahl heute nur 1000. Oder ich gab ihm nicht zwei Pakete, sondern drei zum Preis von zwei. So habe ich das immer gemacht.

Wenn ich heute zum Friedhof gehe zu meinem Vater und meiner Mutter und in dem Geschäft Blumen kaufen will, in dem mich die Leute noch von damals kennen, nehmen sie nie Geld von mir. Sie sagen: „Wir haben es nicht vergessen, einmal hast du uns gegeben, heute geben wir dir zurück." Ich sehe diesen Leuten in die Augen, ich gehe nicht mit dem Kopf nach unten vorbei, ich sehe sie an, das ist die Hauptsache. Es spielt keine Rolle, dass jemand kein Geld hat. Ich schaue den Leuten in die Augen. Pietro hat das nie so gemacht, er hatte einen anderen Charakter.

Dein Vater war dumm. So dumm. Eine Frau, ein Mädchen wie deine Mutter, mit so einem ehrlichen Herzen, ich weiß nicht... Ich weiß nicht, wo es so etwas noch gibt. Gut, mit ihm war sie verlobt. Aber das, was Traudel für uns gemacht hat, für seine Brüder... Das kannst du nicht vergessen. Wenn ich an deine Mutter denke, sehe ich immer noch ihr Gesicht vor mir.

Peter: Du hast einmal erzählt, dass du Pietro gesagt hast, er müsse nach Traudel suchen. Er hat sie nicht gesucht und er wollte von ihr nicht gefunden werden. Weißt du, warum er nicht wollte?

Takis: Er hat nicht geantwortet, nie. Ich habe ihm gesagt: „Dass du heute am Leben bist und dass Nikos und ich noch am Leben sind, das verdanken wir Traudel." Die Gespräche waren dann immer schnell zu Ende. Ja, so war der Charakter von Pietro.

Peter: Als ihr damals nach dem Krieg von Tschechien nach Hause zurückgekommen wart, habt ihr deinen Eltern etwas von Traudel erzählt?

Takis: Nein. Wir konnten über diese Zeit überhaupt nicht sprechen. Aber bis heute kann ich diesen Moment nicht vergessen, als Peppi, der Tscheche, uns von deiner Mutter abholte. Als wir uns verabschiedet und deine Mutter geküsst haben. Diesen Moment kann ich mein Leben lang nicht vergessen. Wir sind weg und deine Mutter war plötzlich auch weg. Ich habe immer geglaubt, vielleicht kommen wir doch eines Tages wieder zusammen. Aber Pietro hatte die Verbindungsschnur abgeschnitten.

Gut, das ist alles. Hauptsache, dass wir heute zusammen sind. Man muss nachdenken. Sich erinnern, was früher war. Wir müssen uns erinnern und nachdenken."

Meine Mutter Edeltraut/Traudel Gregori

Peter: Und was sagst du immer? Das Blut kommt zum Blut?

Takis: Ja, das Blut kommt zum Blut.

Peter: Also ist es wieder zurückgekommen.

Takis: Ja, ja. (lacht)

Peter: Manchmal auf Umwegen. (Wir lachen beide.) Manchmal braucht es seine Zeit und viele Umwege.

Takis : Ja. Die Welt ist so klein. Als der Brief kam, habe ich zu Nikos gesagt: „Was machen wir jetzt? Das ist unser Blut, wir müssen ihm schreiben, dass wir seine Familie sind." Jetzt bin ich glücklich und froh, es war gut und richtig, dass du uns gesucht und gefunden hast. Wir sind deine Familie.

Schlussbemerkung und Dank

Mein Vater Pietro Dolcetti ist im Jahr 2005 gestorben, mein Onkel Nikos 2008. Takis, der jüngste der drei Brüder, ist jetzt 91 Jahre alt. Nur mit seiner Hilfe konnte ich die Geschichte der Familie rekonstruieren und etwas über das Leben meines Vaters erfahren. Alle, die im Unklaren über ihre Herkunft sind und zögern, Genaueres herauszufinden, möchte ich ermutigen, den Versuch zu wagen. Auch wenn das, was dann zu Tage tritt, unerwartet ist und nicht alle offenen Fragen beantwortet werden – es ist immer besser, Bescheid zu wissen, als im Ungewissen zu verharren.

Ich bin Takis sehr dankbar dafür, dass er bereit war, Auskunft zu geben. Vor allem, dass er das weit verbreitete Schweigen brechen und über das Schicksal der Lagerinsassen und Zwangsarbeiter unter dem NS-Regime und der Displaced Persons nach dem Krieg sprechen, es sich von der Seele reden konnte. Für Takis habe ich diesen Bericht zusammengestellt, damit er am Ende etwas in den Händen hat, das sein Schicksal bezeugt. Da er auch vieles enthält, das von allgemeinem Interesse ist, fand ich es wichtig, diese Familiengeschichte einer breiteren Öffentlichkeit zugänglich zu machen, zumal das Schicksal der italienischen Militärinternierten in Deutschland bis heute kaum bekannt ist. Dies ist mein kleiner Beitrag zur Erinnerungskultur, damit wir nicht vergessen, was war, und dafür sorgen, dass Ähnliches nicht mehr geschieht.

Ich danke allen, die mich bei diesem Vorhaben unterstützt haben: Helga, Leandro, Sofia, Erika, Katarina, Myrto, Ingrid, Norbert, Rainer, Wolfhard, Martina, Christel und Lisa.

Hameln, Januar 2018   Jack-Peter Kurbjuweit

Meine Familie

Pedro Dolcetti	Carmen Stella
* 06.02.1866	* 20.02. 1870
+ 04.03.1918	+ ...

∞ ...

Ciacomo/Jack Dolcetti	Marica Bardi	Louisa Dolcetti	Felice Dolcetti	Angela Dolcetti	Jovana Dolcetti
* 07.09.1897	* ...	* ...	* ...	* ...	* ...
+ 18.11.1979					

∞ ...

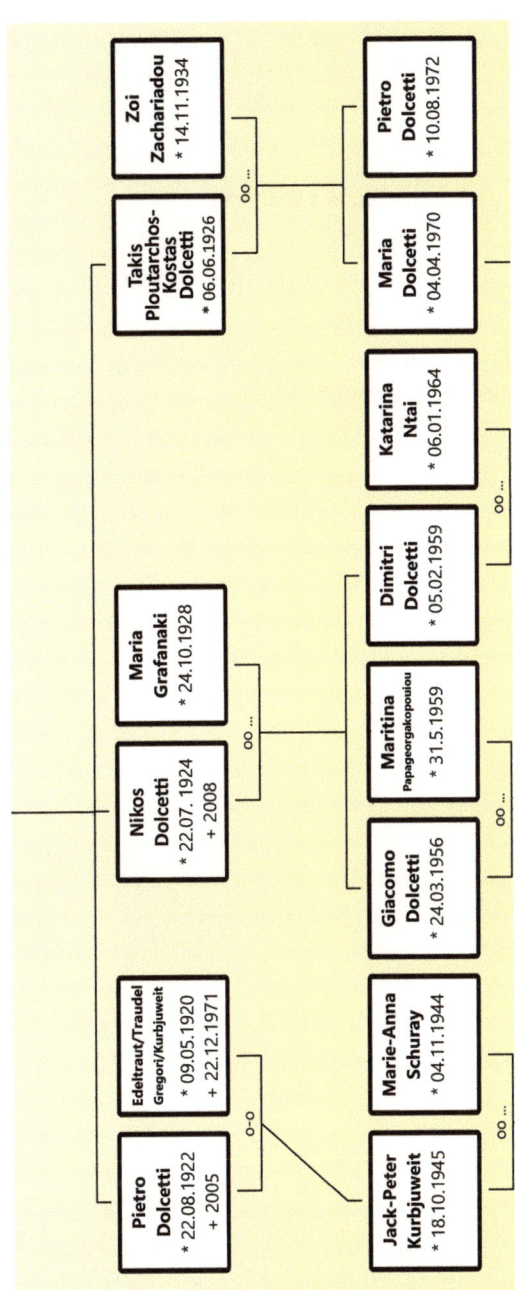

Bildnachweis